Das Leben des Gladiators Rexus

ALEXANDER ARMIN

INHALTSVERZEICHNIS

1
Rexus' dunkle Vergangenheit

1.1 Sklaverei und Verlust

Die Schatten der Sklaverei umhüllten Rexus wie ein schwerer Mantel, der ihn an die dunklen Tage seiner Kindheit erinnerte. „Du bist nichts wert, Rexus!", hatte sein ehemaliger Meister oft gesagt, während er ihn mit einem Tritt zurück ins Dreck schickte. Diese Worte brannten sich in sein Gedächtnis ein und ließen keinen Raum für Hoffnung.

„Ich erinnere mich an meine Familie", flüsterte Rexus eines Abends zu Marcus, als sie am Feuer saßen. „Sie waren alles für mich. Ich habe sie verloren, als ich verkauft wurde." Marcus sah ihn mitfühlend an und antwortete: „Der Verlust ist eine Wunde, die nie ganz heilt. Aber du musst weiterkämpfen, um sie zu finden."

Livia, die mutige Sklavin mit den leuchtenden Augen, trat näher und legte eine Hand auf Rexuss Schulter. „Wir sind hier für dich", sagte sie sanft. „Gemeinsam können wir das Unrecht bekämpfen." Ihre Worte gaben ihm einen Funken Hoffnung inmitten des Schmerzes.

- **Verlust der Familie:** Rexus' Erinnerungen an seine Eltern und Geschwister sind von Trauer geprägt.
- **Sklaverei als Lebensrealität:** Die ständige Demütigung und der Kampf ums Überleben bestimmen seinen Alltag.
- **Hoffnung auf Freiheit:** Der Traum, seine Familie wiederzufinden, treibt ihn an.

Eines Nachts träumte Rexus von seiner Schwester, die ihm zulächelte und ihm zurief: „Gib nicht auf!" Er erwachte mit Tränen in den Augen und wusste, dass er kämpfen musste – nicht nur für sich selbst, sondern auch für die Erinnerung an seine Familie. In der Arena würde er beweisen müssen, dass er mehr war als ein Werkzeug; er war ein Mensch mit einer Geschichte voller Verlust und ungebrochener Hoffnung.

1.2 Erste Kämpfe

Die Arena war ein Ort des Schreckens und der Hoffnung zugleich. Rexus stand in der Mitte des sandigen Rings, umgeben von den schreienden Zuschauern, die nach Blut und Spektakel verlangten. Sein Herz pochte wild in seiner Brust, während er sich auf seinen ersten Kampf vorbereitete. „Du musst es schaffen, Rexus!", rief Marcus von der Seitenlinie. „Denke an deine Familie!"

„Ich weiß nicht, ob ich bereit bin", murmelte Rexus und sah zu Livia, die ihm einen ermutigenden Blick zuwarf. „Was ist, wenn ich verliere?"

Livia trat näher und legte ihre Hand auf seine Schulter. „Verliere nicht den Glauben an dich selbst. Du bist stärker als du denkst." Ihre Worte waren wie ein Lichtstrahl in der Dunkelheit seiner Gedanken.

Der Pfiff des Schiedsrichters hallte durch die Arena und kündigte den Beginn des Kampfes an. Rexus' Gegner war ein massiger Mann mit Narben über dem ganzen Körper – ein erfahrener Kämpfer, der schon viele Sklaven besiegt hatte. „Mach dich bereit, kleiner Junge!", grölte sein Gegner mit einem hämischen Lächeln.

- **Erster Kampf:** Rexus kämpft gegen einen erfahrenen Gegner.
- **Innere Zweifel:** Er fragt sich, ob er stark genug ist.
- **Unterstützung von Freunden:** Marcus und Livia geben ihm Mut.

Als der Kampf begann, spürte Rexus das Adrenalin durch seine Adern pumpen. Er wich einem Schlag aus und konterte mit einem schnellen Tritt gegen das Bein seines Gegners. Der Mann taumelte kurz zurück und sah überrascht aus. „Das wird nicht reichen!", brüllte er wütend.

Rexus wusste, dass jeder Schlag für seine Freiheit zählte – für die Erinnerung an seine Familie und die Hoffnung auf eine bessere Zukunft. Mit jedem weiteren Treffer sammelte er Mut; die Schreie der Zuschauer wurden zu einem kraftvollen Echo in seinem Kopf: „Kämpfe weiter!"

In diesem Moment erkannte Rexus etwas Entscheidendes: Es ging nicht nur um den Sieg oder die Niederlage; es ging darum, für sich selbst einzustehen und niemals aufzugeben.

1.3 Ein Funken Hoffnung

Die Arena war ein Ort der Brutalität, doch inmitten des Chaos blühte ein Funke Hoffnung auf. Rexus hatte seinen ersten Kampf überstanden, und während er sich in der Ecke der Arena ausruhte, spürte er die Erschöpfung in seinen Gliedern. „Du hast es gut gemacht!", rief Marcus, als er zu ihm eilte. „Ich wusste, dass du es schaffen würdest!"

„Es war nur ein Glückstreffer", murmelte Rexus und wischte sich den Schweiß von der Stirn. „Was ist, wenn ich beim nächsten Mal nicht so viel Glück habe?"

Livia trat näher und lächelte ihn an. „Jeder Kämpfer hat seine Zweifel, Rexus. Aber du hast etwas, das viele nicht haben – den Willen zu kämpfen." Sie legte eine Hand auf seine Schulter und sah ihm direkt in die Augen. „Denke daran: Jeder Schlag ist ein Schritt näher zur Freiheit."

· **Mut durch Unterstützung:** Marcus und Livia motivieren Rexus.
· **Innere Stärke:** Rexus beginnt an sich selbst zu glauben.
· **Kampfgeist:** Der Wille zur Freiheit wird stärker.

„Aber was ist mit all den anderen Kämpfern?", fragte Rexus besorgt. „Sie sind stark und erfahren."

„Stärke kommt nicht nur von Erfahrung", antwortete Marcus entschlossen. „Es kommt auch von deinem Herzen und dem Grund, warum du kämpfst."

Rexus dachte an seine Familie – an die Erinnerungen an glückliche Tage und die Versprechen, die er ihnen gegeben hatte. Diese Gedanken gaben ihm Kraft. „Ich werde für sie kämpfen", sagte er schließlich mit fester Stimme.

Livia nickte zustimmend. „Das ist der Geist! Du bist nicht allein in diesem Kampf; wir stehen hinter dir." Ihre Worte waren wie ein Lichtstrahl in der Dunkelheit seiner Ängste.

Als das Geräusch des Publikums wieder lauter wurde und die nächste Runde näher rückte, fühlte Rexus einen neuen Mut in sich aufsteigen. Er war bereit für den nächsten Kampf – nicht nur um zu gewinnen, sondern um für das zu kämpfen, was ihm am meisten bedeutete.

2
Der Aufstieg des Kriegers

2.1 Training mit Marcus

Die Morgensonne warf ihre ersten Strahlen über die Trainingsarena, als Rexus und Marcus sich gegenüberstanden. Der Geruch von frischem Sand und Schweiß lag in der Luft, während die beiden Kämpfer sich auf das bevorstehende Training vorbereiteten.

„Du musst lernen, deinen Gegner zu lesen", begann Marcus und stellte sich in eine Kampfhaltung. „Jeder Schlag, jede Bewegung hat eine Bedeutung."

Rexus nickte, seine Augen fest auf den Mentor gerichtet. „Ich verstehe, aber wie kann ich das erreichen?"

„Indem du aufmerksam bist", antwortete Marcus und machte einen schnellen Schritt nach vorne. „Sieh dir an, wie ich mich bewege." Mit einem geschickten Hieb versuchte er Rexus zu treffen, der gerade noch rechtzeitig auswich.

- **Achte auf die Fußarbeit:** Die Position deiner Füße bestimmt deine Balance.
- **Kenne deine Stärken:** Nutze deine Schnelligkeit gegen schwerere Gegner.
- **Lerne aus jedem Kampf:** Jeder Fehler ist eine Lektion.

„Das sind gute Ratschläge", murmelte Rexus und konzentrierte sich darauf, seine Bewegungen zu verbessern. Er wusste, dass jeder Tag im Training ihn näher an sein Ziel bringen würde – die Freiheit für sich und seine Familie.

„Und vergiss nicht", fügte Marcus hinzu und grinste schelmisch, „der Schlüssel zum Sieg liegt oft im Kopf deines Gegners."

Rexus lachte leise. „Also muss ich auch ein guter Schauspieler sein?"

„Genau! Überrasche sie mit deinem Mut und deiner List." Marcus trat zurück und forderte Rexus erneut heraus. „Komm schon! Zeig mir dein Bestes!"

Mit neuem Elan stürzte sich Rexus in den Kampf. Jeder Schlag war ein Ausdruck seines unbändigen Willens zur Freiheit. Während sie trainierten, spürte er die Verbindung zwischen ihnen wachsen – nicht nur als Mentor und Schüler, sondern als Brüder im Geiste.

2.2 Das erste große Turnier

Die Arena war überfüllt, als Rexus nervös auf die Menge blickte. Die Stimmen der Zuschauer hallten durch die Luft, während er sich auf das erste große Turnier vorbereitete. „Das ist es, Rexus! Dein Moment", flüsterte Marcus ihm zu und legte eine Hand auf seine Schulter.

„Ich weiß nicht, ob ich bereit bin", antwortete Rexus und ballte seine Fäuste. „Was ist, wenn ich versage?"

„Versagen ist nur ein Schritt auf dem Weg zum Erfolg", erwiderte Marcus mit einem ermutigenden Lächeln. „Denke daran, was du gelernt hast. Du bist stärker als du glaubst."

- **Vertraue deinen Instinkten:** Lass deine Erfahrungen für dich sprechen.
- **Kämpfe mit Herz:** Jeder Schlag sollte von deinem Willen zur Freiheit getragen werden.
- **Achte auf deine Gegner:** Sie sind nicht nur Kämpfer; sie sind auch Strategen.

Als sein Name aus den Lautsprechern ertönte, spürte Rexus einen Schauer über seinen Rücken laufen. Er trat in den Ring und sah seinem ersten Gegner entgegen – ein massiger Kämpfer mit einer einschüchternden Präsenz. „Du bist also der Neue? Bereit für eine Lektion?" höhnte der Mann.

„Ich bin hier, um zu gewinnen", entgegnete Rexus entschlossen und stellte sich in Position.

Der Kampf begann mit einem lauten Signalhorn. Rexus bewegte sich schnell und erinnerte sich an Marcus' Worte: „Achte auf die Fußarbeit." Er wich geschickt einem Hieb aus und konterte mit einem präzisen Schlag gegen die Seite seines Gegners.

„Nicht schlecht! Aber das reicht nicht!" rief der Kämpfer herausfordernd zurück und setzte zu einem kräftigen Angriff an.

Rexus spürte den Druck steigen, doch er blieb ruhig. Mit jedem Schlag wuchs sein Selbstvertrauen. „Ich kämpfe nicht nur für mich selbst", murmelte er leise und fand neue Kraft in seinen Überzeugungen.

Bald schon war die Menge begeistert von seinem Mut und seiner Entschlossenheit. Der Kampf wurde intensiver, aber Rexus wusste: Dies war erst der Anfang seiner Reise als Krieger.

2.3 Ruhm und Zweifel

Nach dem ersten großen Turnier war Rexus in aller Munde. Die Zuschauer hatten seine Entschlossenheit bewundert, und die Berichterstattung über seinen Kampf schoss durch die Stadt wie ein Lauffeuer. Doch mit dem Ruhm kamen auch die Zweifel. „Was, wenn ich nicht immer so stark bin? Was, wenn ich das nächste Mal verliere?" fragte er sich oft.

„Rexus! Du bist der Held des Tages!" rief Marcus begeistert, als sie zusammen in einem belebten Gasthaus saßen. „Die Leute reden nur von dir! Du hast das Potenzial, ein Champion zu werden."

„Aber was ist mit den Erwartungen?", entgegnete Rexus und starrte in sein Glas. „Jeder erwartet jetzt Großes von mir. Ich habe Angst zu versagen."

Marcus lehnte sich vor und sah ihm direkt in die Augen. „Erfolg ist nicht nur der Sieg im Ring, sondern auch der Mut, weiterzumachen, selbst wenn es schwierig wird. Du musst lernen, deine Zweifel zu akzeptieren."

· **Akzeptiere deine Ängste:** Sie sind Teil des Weges.
· **Lerne aus Rückschlägen:** Jeder Verlust kann eine Lektion sein.
· **Sichere dir Unterstützung:** Vertraue auf deine Freunde und Mentoren.

Trotz Marcus' Worte nagten die Zweifel an Rexus' Selbstvertrauen. In den folgenden Tagen trainierte er härter denn je, doch jede neue Herausforderung schien ihn mehr zu belasten als zu stärken. Eines Abends fand er sich allein im Trainingsraum wieder, umgeben von Schatten und Stille.

Eines Nachts besuchte ihn eine alte Kämpferin namens Elara im Gasthaus. „Ich habe deinen letzten Kampf gesehen", sagte sie mit einer warmen Stimme. „Du hast Talent, aber du musst wissen: Der wahre Krieger kämpft nicht nur gegen andere; er kämpft auch gegen seine eigenen Dämonen."

Diese Worte hallten in Rexus' Kopf wider und halfen ihm zu erkennen: Ruhm kann vergänglich sein, aber der Glaube an sich selbst ist unermesslich wertvoll.

3
Geheimnisse der Arena

3.1 Hinter den Kulissen

Die Arena war nicht nur ein Ort des Kampfes, sondern auch ein Schauplatz voller Geheimnisse und Intrigen. Rexus stand in der schattigen Ecke des Umkleideraums, umgeben von seinen Mitstreitern. Der Geruch von Schweiß und Blut hing in der Luft, während die Gladiatoren sich auf ihre Kämpfe vorbereiteten.

„Hast du die neuesten Gerüchte gehört?" flüsterte Marcus, während er seine Rüstung überprüfte. „Es heißt, dass der Lanista plant, uns gegen die besten Kämpfer aus anderen Provinzen antreten zu lassen."

Livia trat näher und sah Rexus an. „Das wird gefährlich. Wir müssen einen Plan schmieden, um zu überleben." Ihre Augen funkelten vor Entschlossenheit.

„Wir sind Gladiatoren!", rief Rexus mit fester Stimme. „Wir kämpfen nicht nur für unser Überleben, sondern auch für unsere Freiheit!"

- **Geheime Absprachen:** In den dunklen Ecken der Arena wurden oft geheime Absprachen getroffen. Einige Gladiatoren arbeiteten zusammen, um ihre Chancen zu erhöhen.
- **Die Rolle des Publikums:** Die Gunst des Publikums konnte über Leben und Tod entscheiden. Ein einziger unglücklicher Moment konnte das Ende eines Kämpfers bedeuten.
- **Kämpfe im Verborgenen:** Hinter den Kulissen fanden oft heimliche Kämpfe statt, bei denen Wetten abgeschlossen wurden und das wahre Können der Gladiatoren auf die Probe gestellt wurde.

„Wenn wir zusammenhalten", sagte Marcus nachdenklich, „können wir vielleicht sogar gegen den Lanista bestehen." Er legte eine Hand auf Rexus' Schulter. „Du bist mehr als nur ein Kämpfer; du bist ein Anführer."

Livia nickte zustimmend. „Gemeinsam können wir die Ketten sprengen, die uns binden." Sie lächelte Rexus an und gab ihm Mut für den bevorstehenden Kampf.

In diesem Moment wusste Rexus: Die Arena war nicht nur ein Ort des Todes; sie war auch ein Ort der Hoffnung und des Widerstands gegen das Unrecht. Und während das Geschrei der Menge lauter wurde, bereitete er sich darauf vor, nicht nur für sein eigenes Leben zu kämpfen, sondern auch für die Freiheit aller Gladiatoren.

3.2 Freundschaften und Feinde

In der Arena, wo das Blut oft die Erde tränkte, waren Freundschaften ein kostbares Gut. Rexus wusste, dass er sich auf seine Kameraden verlassen musste, um in dieser brutalen Welt zu überleben. Doch nicht jeder war ein Verbündeter; einige Gladiatoren trugen den Stachel des Neids und der Rivalität in ihren Herzen.

„Wir müssen uns gegenseitig unterstützen", sagte Livia, während sie ihre Klingen schärfte. „Die Kämpfe werden härter, und wir können es uns nicht leisten, uns gegenseitig zu misstrauen."

Marcus nickte zustimmend. „Aber was ist mit Gaius? Er hat schon einmal versucht, uns gegeneinander auszuspielen." Seine Stimme war voller Besorgnis. „Er sieht in jedem von uns eine Bedrohung für seine eigene Überlebenschance."

- **Vertrauen aufbauen:** Rexus wusste, dass Vertrauen in der Arena schwer zu gewinnen war. Er versuchte, durch kleine Gesten wie das Teilen von Wasser oder das Anbieten von Hilfe beim Training eine Verbindung zu seinen Mitstreitern aufzubauen.
- **Rivalitäten erkennen:** Die Spannungen zwischen den Gladiatoren waren spürbar. Gaius hatte eine Gruppe um sich geschart, die bereit war, alles zu tun, um an die Spitze zu gelangen.
- **Gemeinsame Ziele:** Trotz der Rivalitäten gab es einen gemeinsamen Feind: den Lanista und sein grausames Regime. Diese Erkenntnis schweißte viele Gladiatoren zusammen.

Eines Abends saßen Rexus und Livia am Feuer und diskutierten ihre Strategien für den nächsten Kampf. „Wenn wir unsere Kräfte bündeln", sagte Rexus nachdenklich, „könnten wir sogar gegen Gaius' Gruppe bestehen."

Livia lächelte schwach. „Es wird nicht einfach sein. Aber wenn wir als Einheit auftreten, können wir vielleicht die Oberhand gewinnen." Sie sah ihn an und fügte hinzu: „Freundschaft kann manchmal mächtiger sein als jede Waffe."

In diesem Moment wurde Rexus klar: In einer Welt voller Feinde konnte die Stärke ihrer Freundschaft der Schlüssel zum Überleben sein – nicht nur im Kampf gegen andere Gladiatoren, sondern auch im Streben nach Freiheit.

3.3 Livia's Geheimnis

Die Nacht war still, nur das Knistern des Feuers durchbrach die Dunkelheit. Rexus saß neben Livia und spürte, dass etwas in der Luft lag. Ihre Augen waren nachdenklich, und er konnte nicht umhin, sich zu fragen, was sie beschäftigte.

„Livia", begann er vorsichtig, „gibt es etwas, das du mir nicht sagst? Du wirkst anders in letzter Zeit."

Sie sah ihn an, ein Schatten huschte über ihr Gesicht. „Es ist nichts", antwortete sie schnell und wandte den Blick ab. Doch Rexus kannte sie gut genug, um zu wissen, dass da mehr war.

„Du kannst mir vertrauen", drängte er sanft. „Wir sind im selben Boot."

- **Ein verborgenes Talent:** Nach einem langen Moment des Zögerns seufzte Livia tief. „Ich habe eine Fähigkeit, von der niemand wissen sollte – ich kann kämpfen wie ein Mann."
- **Die Angst vor Entdeckung:** „Wenn Gaius oder der Lanista davon erfahren würden…" Sie brach ab und schüttelte den Kopf. „Es könnte mein Ende bedeuten."
- **Der Wunsch nach Freiheit:** „Ich kämpfe nicht nur für mich selbst", fügte sie hinzu. „Ich will die anderen befreien – die Schwächeren unter uns."

Rexus war überrascht von ihrer Offenheit. „Warum hast du es mir nicht früher gesagt? Wir könnten gemeinsam kämpfen!"

Livia lächelte schwach. „Weil ich Angst hatte, dich in Gefahr zu bringen. Wenn wir zusammenarbeiten und scheitern…" Sie verstummte und sah ins Feuer.

„Aber wenn wir gewinnen?" fragte Rexus mit neuem Mut in seiner Stimme. „Stell dir vor, was wir erreichen könnten!"

Livia nickte langsam. In diesem Moment wurde ihnen beiden klar: Ihr Geheimnis könnte der Schlüssel sein, um gegen Gaius' Gruppe anzutreten und vielleicht sogar ihre Freiheit zu erkämpfen.

„Lass uns einen Plan schmieden", sagte Rexus entschlossen. Die Dunkelheit um sie herum schien weniger bedrohlich zu werden; stattdessen fühlten sie sich vereint durch das Band ihres Geheimnisses.

4
Kampf um Anerkennung

4.1 Bewährungsproben

Die Arena war ein Ort der Prüfungen, und für Rexus begann die wahre Bewährungsprobe an einem heißen Nachmittag, als er zum ersten Mal gegen einen erfahrenen Gladiator antreten sollte. Der Geruch von Schweiß und Blut lag in der Luft, während das Publikum ungeduldig auf den Beginn des Kampfes wartete.

„Du musst dich beweisen, Rexus", flüsterte Marcus ihm zu, während sie sich hinter dem Tor versammelten. „Die Menge ist unberechenbar. Sie lieben den Mut, aber sie verabscheuen Schwäche."

„Ich weiß", antwortete Rexus mit zitternder Stimme. „Aber was ist, wenn ich scheitere? Was ist, wenn ich nicht genug bin?"

Livia trat näher und legte eine Hand auf seinen Arm. „Du bist mehr als nur ein Kämpfer. Du bist unser Hoffnungsträger. Kämpfe nicht nur für dich selbst, sondern auch für uns alle." Ihre Augen funkelten vor Entschlossenheit.

- **Kampfgeist:** Rexus wusste, dass er seine Angst überwinden musste.
- **Mentale Stärke:** Die Worte seiner Freunde gaben ihm Kraft.
- **Ehre und Ruhm:** Er kämpfte nicht nur um sein Überleben, sondern auch um Anerkennung.

Als das Tor aufschwang und er in die Arena trat, wurde er von einem ohrenbetäubenden Jubel empfangen. Sein Gegner stand bereits bereit – ein massiger Mann mit Narben über dem Körper, der ihn herausfordernd anstarrte.

"Bist du bereit zu sterben?" rief der andere Gladiator spöttisch aus.

"Nicht heute", entgegnete Rexus entschlossen und hob sein Schwert. Der Kampf begann mit einem lauten Knall von Metall auf Metall; jeder Schlag war ein Test seiner Fähigkeiten und seines Mutes.

Während sie sich im Kampf bewegten, dachte Rexus an Livia und Marcus – ihre Gesichter waren in seinem Geist präsent wie ein Lichtstrahl in der Dunkelheit. Er wusste jetzt: Diese Bewährungsprobe war nicht nur eine Frage des Überlebens; es war eine Frage seiner Identität und seines Wertes als Mensch.

4.2 Der Preis des Erfolgs

Der Kampf in der Arena war nur der Anfang von Rexus' Reise, und während er sich dem Ruhm näherte, spürte er bereits die Schatten des Preises, den dieser Erfolg mit sich brachte. Nach seinem ersten Sieg wurde er von den Zuschauern gefeiert, doch hinter den Kulissen warteten die Herausforderungen.

„Du hast es geschafft, Rexus!", rief Marcus begeistert und klopfte ihm auf die Schulter. „Die Menge liebt dich!"

„Ja, aber zu welchem Preis?", murmelte Rexus nachdenklich. „Jeder Sieg bringt mehr Erwartungen mit sich."

Livia trat näher und sah ihn ernst an. „Erfolg ist nicht nur ein Geschenk; es ist eine Last. Du musst bereit sein, dafür zu kämpfen."

- **Erwartungen:** Mit jedem Sieg wuchs der Druck, immer besser zu werden.
- **Verlust:** Rexus musste erkennen, dass jeder Kampf auch Freunde kosten konnte.
- **Einsamkeit:** Ruhm kann isolierend wirken; die Menschen sehen oft nur den Gladiator und nicht den Mann dahinter.

Eines Abends saß Rexus allein in seiner Kammer und dachte über seine nächsten Schritte nach. Die Stimmen der Menge hallten in seinem Kopf wider: „Kämpfe für uns! Sei unser Champion!" Doch was bedeutete das wirklich?

"Rexus," sagte Marcus leise, als er eintrat. "Ich habe gehört, dass du gegen einen der besten Kämpfer antreten sollst."

"Ja," antwortete Rexus mit einem Seufzer. "Aber ich frage mich... Was passiert, wenn ich verliere?"

"Dann kämpfst du weiter", erwiderte Marcus entschlossen. "Das ist der Weg eines Gladiators."

Livia nickte zustimmend. „Und wir stehen hinter dir – egal was passiert." Ihre Worte gaben ihm einen Funken Hoffnung inmitten seiner Zweifel.

Doch tief in seinem Inneren wusste Rexus: Der Preis des Erfolgs könnte alles kosten – sogar das Leben seiner Freunde oder seine eigene Seele.

4.3 Zwischenmenschliche Konflikte

Die Arena war nicht nur ein Ort des Kampfes, sondern auch ein Schauplatz für zwischenmenschliche Konflikte, die Rexus' Reise stark beeinflussten. Während er sich in der Welt der Gladiatoren behauptete, spürte er zunehmend die Spannungen zwischen seinen Freunden und Rivalen.

Eines Tages saß Rexus mit Marcus und Livia am Feuer, als eine hitzige Diskussion entbrannte. „Du kannst nicht einfach gegen jeden kämpfen, der dir über den Weg läuft", sagte Marcus mit fester Stimme. „Es gibt Regeln, die du respektieren musst."

„Regeln?", erwiderte Rexus und schüttelte den Kopf. „In der Arena gibt es keine Regeln! Nur das Überleben zählt."

Livia sah ihn ernst an. „Aber was ist mit deinen Freunden? Du riskierst alles für Ruhm und Ehre. Was ist, wenn du uns verlierst?"

- **Rivalität:** Die Konkurrenz unter den Gladiatoren führte zu Spannungen; jeder wollte der Beste sein.
- **Freundschaft:** Rexus musste lernen, dass seine Entscheidungen auch andere betrafen.
- **Eifersucht:** Einige seiner Mitstreiter konnten seinen Erfolg nicht ertragen und begannen, hinter seinem Rücken zu intrigieren.

„Ich kämpfe für uns alle!", rief Rexus frustriert aus. „Wenn ich gewinne, gewinnen wir alle!" Doch in seinem Herzen wusste er, dass diese Überzeugung nicht alle Konflikte lösen konnte.

An einem anderen Abend konfrontierte ihn ein anderer Gladiator namens Tarek: „Du bist arrogant geworden, Rexus. Glaubst du wirklich, du bist unbesiegbar?"

„Ich bin hierhergekommen, um zu kämpfen!", antwortete Rexus scharf. „Wenn du ein Problem damit hast, dann lass es uns im Ring klären."

Tarek grinste herausfordernd: „Das werden wir sehen." Die Spannung zwischen ihnen war greifbar und ließ keinen Raum für Zweifel – dieser Konflikt würde unausweichlich in einem Kampf enden.

Dort stand Rexus nun zwischen seinen Freunden und Feinden; jeder Schritt vorwärts brachte neue Herausforderungen mit sich. Er wusste: Der wahre Kampf fand nicht nur in der Arena statt, sondern auch im Herzen seiner Beziehungen.

5
Liebe in Zeiten des Krieges

5.1 Romantische Begegnungen

Inmitten der rauen Realität des Gladiatorenlebens blüht zwischen Rexus und Livia eine zarte, aber leidenschaftliche Romanze auf. Ihre ersten Begegnungen sind geprägt von schüchternen Blicken und flüchtigen Berührungen, die in der drückenden Atmosphäre des Gladiatorentrainingslagers stattfinden. Während sie gemeinsam trainieren, finden sie Trost in den kleinen Momenten, die ihre Seelen verbinden.

Eines Abends, als die Sonne hinter den Hügeln Roms verschwindet und der Himmel in sanften Farben leuchtet, zieht Livia Rexus zu einem ruhigen Ort abseits des Lärms der Arena. „Ich habe oft von Freiheit geträumt", sagt sie leise und schaut ihm tief in die Augen. „Aber manchmal frage ich mich, ob ich jemals wirklich frei sein kann."

Rexus spürt das Gewicht ihrer Worte und erwidert: „Freiheit ist mehr als nur ein physischer Zustand. Sie beginnt im Herzen." Er greift nach ihrer Hand und fühlt die Wärme ihrer Haut unter seinen Fingern. In diesem Moment scheint die Welt um sie herum zu verschwinden.

„Was wäre, wenn wir zusammen fliehen könnten?", fragt Livia mit einem Funken Hoffnung in ihren Augen. „Ein Leben jenseits dieser Mauern?"

„Das ist ein gefährlicher Traum", antwortet Rexus ernsthaft. „Aber ich würde alles riskieren, um an deiner Seite zu sein." Die Intensität seiner Worte lässt Livia erröten; sie weiß, dass ihre Verbindung nicht nur aus Leidenschaft besteht, sondern auch aus dem gemeinsamen Streben nach einer besseren Zukunft.

Doch während ihre Liebe wächst, wird sie auch von den Herausforderungen des Lebens im antiken Rom überschattet. Der Lanista beobachtet ihre Interaktionen genau und sieht darin eine Schwäche, die er auszunutzen gedenkt. Eines Nachts konfrontiert er Rexus: „Du bist nicht hier für Liebesspiele! Du bist ein Gladiator!"

Die Spannung zwischen Pflicht und Herz schlägt Wellen durch ihr Leben. Doch trotz aller Widrigkeiten bleibt Rexus entschlossen: „Ich werde kämpfen – nicht nur für meine Freiheit, sondern auch für unsere Liebe." Diese Entschlossenheit wird zum Antrieb für beide Protagonisten und zeigt ihnen den Weg durch das Chaos ihrer Welt.

5.2 Opfer für die Liebe

Die Liebe zwischen Rexus und Livia wird auf eine harte Probe gestellt, als die Schatten des Krieges über Rom hereinbrechen. Die ständige Bedrohung durch Kämpfe und das drohende Chaos zwingen sie, Entscheidungen zu treffen, die weitreichende Konsequenzen haben. Eines Abends, während sie sich in einem versteckten Teil des Trainingslagers treffen, spricht Livia mit zitternder Stimme: „Rexus, ich habe gehört, dass der Lanista plant, dich in die nächste Arena zu schicken. Was ist, wenn du nicht zurückkommst?"

„Ich werde kämpfen", antwortet Rexus entschlossen. „Aber ich kann nicht zulassen, dass Angst uns trennt. Wir müssen an unsere Träume glauben." Er nimmt ihre Hände und sieht ihr tief in die Augen. „Wenn ich fallen sollte, dann weißt du wenigstens, dass ich für etwas Größeres gekämpft habe – für uns."

Livia schluckt schwer und fragt: „Was ist mit deiner Freiheit? Bist du bereit, alles zu opfern?"

„Für dich würde ich alles riskieren", gesteht er und spürt den Druck ihrer Sorgen. „Aber auch du musst bereit sein zu kämpfen – nicht nur für mich, sondern auch für deine eigene Freiheit."

In den folgenden Tagen wird Rexus immer wieder von seinen Kameraden gewarnt. Einer von ihnen sagt: „Du bist ein Gladiator! Du darfst keine Schwäche zeigen!" Doch Rexus weiß um die Stärke seiner Gefühle und erwidert: „Es ist kein Zeichen der Schwäche, jemanden zu lieben. Es ist ein Zeichen des Mutes."

Als der Tag des Kampfes näher rückt, trifft Livia eine folgenschwere Entscheidung. Sie beschließt, sich dem Lanista anzubieten – nicht als Gladiatorin, sondern als seine Beraterin – in der Hoffnung, Rexus' Leben zu retten. In einer verzweifelten Konfrontation erklärt sie ihm: „Ich werde alles tun, um ihn zu schützen! Wenn es bedeutet, meine eigenen Träume aufzugeben..."

Der Lanista schaut sie skeptisch an und murmelt: „Opfer sind notwendig im Spiel der Macht." Doch Livia bleibt standhaft: „Dann lass es mein Opfer sein – für die Liebe." Ihre Entschlossenheit zeigt den wahren Preis der Liebe in Zeiten des Krieges.

5.3 Verrat am Herzen

Die Schatten des Krieges werfen nicht nur Dunkelheit über Rom, sondern auch Misstrauen in die Herzen der Menschen. Rexus und Livia stehen an einem Scheideweg, an dem ihre Liebe auf die Probe gestellt wird. Eines Abends, als sie sich heimlich treffen, spürt Rexus eine Kälte in Livias Stimme: „Ich habe etwas gehört, das mich beunruhigt."

„Was ist es?", fragt Rexus besorgt und nimmt ihre Hände in seine. „Du kannst mir alles sagen."

„Es geht um den Lanista", beginnt Livia zögernd. „Er plant, dich gegen einen der besten Gladiatoren antreten zu lassen – und ich habe gehört, dass er dir nicht wohlgesonnen ist."

Rexus schüttelt den Kopf: „Das sind nur Gerüchte! Ich werde kämpfen und gewinnen!" Doch Livia sieht ihn mit besorgtem Blick an: „Was ist, wenn du verletzt wirst? Was ist, wenn du…?"

„Ich kann nicht zulassen, dass Angst uns trennt", unterbricht er sie entschlossen. „Wir müssen stark bleiben." Doch tief in seinem Inneren nagt ein Zweifel.

In den folgenden Tagen wird Rexus von seinen Kameraden gewarnt. Einer von ihnen sagt: „Hast du schon gehört? Der Lanista hat einen neuen Gladiator engagiert – jemand aus deiner Vergangenheit." Rexus' Herz schlägt schneller. Er weiß sofort, wer gemeint ist.

Livia bemerkt seine Unruhe und fragt: „Wer ist es?"

„Es ist Marcus", antwortet Rexus mit gedämpfter Stimme. „Ein Freund… oder war es ein Freund?" Die Erinnerungen an vergangene Zeiten kommen zurück – an Vertrauen und Verrat.

Livia legt ihm beruhigend die Hand auf die Schulter: „Egal was passiert, ich stehe hinter dir." Doch Rexus kann das Gefühl des Verrats nicht abschütteln. Er fragt sich: Ist Marcus hier, um ihm zu helfen oder um ihn zu Fall zu bringen?

Als der Tag des Kampfes näher rückt, wird die Spannung unerträglich. In einer letzten Konfrontation sagt Livia eindringlich: „Vertraue mir und vertraue dir selbst! Lass nicht zu, dass die Vergangenheit deine Zukunft bestimmt!" Ihre Worte hallen in seinem Kopf wider.

6
Verschwörungen entlarven

6.1 Dunkle Machenschaften

In den schattigen Gassen Roms, wo das Licht der Sonne kaum durch die hohen Mauern dringt, braut sich eine Verschwörung zusammen, die selbst die stärksten Gladiatoren in Angst und Schrecken versetzt. Rexus und seine Gefährten, Marcus und Livia, haben Wind von einem geheimen Plan des Lanista erhalten, der nicht nur ihre Freiheit bedroht, sondern auch das Leben vieler ihrer Mitstreiter.

„Wir müssen herausfinden, was er plant", flüstert Livia nervös und schaut sich um. „Es gibt Gerüchte über einen Kampf gegen wilde Tiere – aber nicht nur das. Es soll ein Wettkampf stattfinden, bei dem die Gladiatoren gegeneinander antreten müssen, bis nur noch einer übrig bleibt."

Marcus nickt zustimmend. „Das ist ein Ablenkungsmanöver. Der Lanista will uns gegeneinander aufhetzen und gleichzeitig seine eigenen Geschäfte im Verborgenen abwickeln." Er beugt sich näher zu Rexus. „Wir müssen Beweise sammeln und andere Gladiatoren warnen."

„Aber wie? Wir sind allein gegen ihn", erwidert Rexus mit besorgter Miene. „Er hat die Macht über unsere Leben."

„Nicht ganz", sagt Marcus entschlossen. „Wenn wir zusammenhalten und die anderen überzeugen können, werden wir stark genug sein, um ihm entgegenzutreten."

- **Geheime Treffen:** Die Gruppe beschließt, heimlich mit anderen Gladiatoren zu sprechen.
- **Informationen sammeln:** Sie planen nächtliche Ausflüge in die Arena und zu den Ställen des Lanista.
- **Loyalität prüfen:** Nicht jeder wird bereit sein zu kämpfen; einige könnten für Geld oder Macht verraten.

Eines Nachts treffen sie sich in einem verlassenen Raum hinter der Arena. Die Luft ist schwer von Anspannung und Angst vor Entdeckung. „Wir müssen schnell handeln", sagt Livia eindringlich. „Sonst wird es zu spät sein." Ihre Augen funkeln vor Entschlossenheit.

Rexus spürt den Druck auf seinen Schultern wachsen – nicht nur für sich selbst zu kämpfen, sondern auch für diejenigen, die ihm am Herzen liegen. In diesem Moment wird ihm klar: Um wirklich frei zu sein, muss er gegen mehr als nur seine Gegner in der Arena kämpfen; er muss gegen das System ankämpfen, das ihn gefangen hält.

6.2 Die Entdeckung

Die Nacht war still, als Rexus und seine Gefährten sich heimlich in die Arena schlichen. Der Mond war ihr einziger Zeuge, während sie durch die dunklen Gänge schlichen, auf der Suche nach Hinweisen, die ihre schlimmsten Befürchtungen bestätigen könnten. „Hier entlang", flüsterte Livia und deutete auf eine Tür, die leicht geöffnet war.

„Was denkst du, was wir finden werden?", fragte Marcus nervös und schaute sich um. „Vielleicht sind es nur leere Versprechungen des Lanista."

„Oder etwas viel Schlimmeres", erwiderte Rexus mit fester Stimme. „Wir müssen wissen, was er plant." Sie traten vorsichtig ein und fanden sich in einem kleinen Raum voller Papiere und Pläne wieder.

„Sieh dir das an!", rief Livia und hielt ein Dokument hoch. „Das sind Kämpfe gegen wilde Tiere – aber auch Listen von Gladiatoren!" Ihre Augen weiteten sich vor Schreck. „Er plant einen brutalen Wettkampf unter uns!"

- **Kämpfe gegen wilde Tiere:** Ein grausames Spektakel zur Unterhaltung der Massen.
- **Gladiatorenlisten:** Namen von Kämpfern, die für den Wettkampf ausgewählt wurden.
- **Geheime Absprachen:** Hinweise auf Bestechung und Verrat innerhalb der Gladiatoren.

„Das ist nicht nur ein Kampf ums Überleben", murmelte Marcus mit zitternder Stimme. „Es ist ein Spiel um Macht und Kontrolle." Er sah Rexus an. „Wir müssen diese Informationen nutzen."

Rexus nickte entschlossen. „Wenn wir diese Pläne öffentlich machen können, wird der Lanista nicht mehr unantastbar sein." Doch in seinem Inneren nagte die Angst: Würden sie genug Verbündete finden?

Livia legte eine Hand auf Rexuss Schulter. „Wir sind nicht allein in diesem Kampf. Wir müssen alle Gladiatoren mobilisieren – gemeinsam sind wir stark!" Ihre Entschlossenheit gab Rexus neuen Mut.

Schnell verließen sie den Raum mit den Beweisen in ihren Händen, bereit, ihre Mitstreiter zu warnen und den Plan des Lanista zu vereiteln.

6.3 Fluchtplan

Die Dunkelheit umhüllte die Arena wie ein schwerer Mantel, während Rexus und seine Gefährten in einem geheimen Raum zusammenkamen, um ihren Fluchtplan zu schmieden. „Wir müssen schnell handeln", sagte Livia und blickte nervös zur Tür. „Der Lanista wird nicht lange brauchen, um zu bemerken, dass wir fehlen."

„Was ist mit den Wachen?", fragte Marcus und kratzte sich am Kopf. „Sie sind überall und wir haben keine Waffen."

„Das ist der Schlüssel", erwiderte Rexus entschlossen. „Wir müssen die Wachen ablenken. Wenn wir es schaffen, sie in die entgegengesetzte Richtung zu locken, haben wir eine Chance."

- **Ablenkung:** Livia könnte einen Feueralarm auslösen, indem sie einige Fackeln im Lagerraum entzündet.
- **Fluchtweg:** Der geheime Tunnel hinter dem Gladiatorenraum führt direkt außerhalb der Arena.
- **Verbündete:** Sie sollten andere Gladiatoren mobilisieren, um gemeinsam zu fliehen.

„Und was ist mit den anderen?", fragte Marcus besorgt. „Wenn wir gehen, lassen wir sie zurück."

Rexus sah ihn ernst an. „Wir können nicht alle retten, aber wenn wir überleben und die Wahrheit ans Licht bringen, können wir vielleicht eine Revolution starten." Er spürte das Gewicht seiner Verantwortung auf seinen Schultern.

Livia nickte zustimmend. „Wir müssen ihnen eine Nachricht hinterlassen – damit sie wissen, dass sie nicht allein sind." Sie griff nach einem Stück Papier und begann hastig zu schreiben.

„Ich werde die Fackeln vorbereiten", sagte Marcus und machte sich auf den Weg zum Lagerraum. Rexus blieb zurück und beobachtete Livia beim Schreiben. Ihre Entschlossenheit war ansteckend; er fühlte sich gestärkt durch ihre gemeinsame Mission.

Schnell versammelten sie ihre Mitstreiter im geheimen Raum und erklärten den Plan: Ablenkung durch Feuer, Flucht durch den Tunnel und Hoffnung auf Freiheit für alle Gladiatoren. Gemeinsam würden sie gegen das Unrecht kämpfen – nicht nur für sich selbst, sondern für alle unterdrückten Kämpfer der Arena.

7
Auf der Flucht

7.1 Verfolgungsjagd durch Rom

Die Straßen Roms waren ein Labyrinth aus schmalen Gassen und belebten Plätzen, als Rexus und Livia in einem verzweifelten Rennen um ihr Leben flüchteten. „Schnell! Da vorne!" rief Livia, während sie mit rasenden Schritten an Rexus vorbeizog. Ihre Augen funkelten vor Entschlossenheit, doch die Angst war deutlich spürbar.

„Wir müssen die Via Appia erreichen! Dort können wir uns verstecken," antwortete Rexus keuchend, während er versuchte, den Abstand zu den verfolgenden Wachen zu verringern. Die Schreie der Menschen und das Klirren von Rüstungen hallten hinter ihnen wider.

„Ich kann nicht glauben, dass es so weit gekommen ist," murmelte Livia atemlos. „Wir haben alles riskiert."

„Es gibt kein Zurück mehr," entgegnete Rexus entschlossen. „Wenn wir hier gefangen werden, sind wir verloren." Er war sich der Gefahr bewusst; die Wachen waren gnadenlos und würden keine Mühe scheuen, sie zu fangen.

- Die engen Gassen boten wenig Schutz.
- Rexus' Herz schlug wild in seiner Brust.
- Livia war eine unerschütterliche Kraft an seiner Seite.

Plötzlich hörten sie das Geräusch von Hufen auf dem Kopfsteinpflaster. „Sie kommen näher!" rief Livia panisch aus. Sie bogen um eine Ecke und fanden sich auf einem belebten Marktplatz wieder, wo Händler ihre Waren anpriesen und Kunden umherwuselten.

„Versteck dich hinter diesen Ständen!" befahl Rexus hastig und zog Livia hinter einen Obststand. Sie hielten den Atem an, während die Wachen vorbei rannten, ohne sie zu bemerken. „Das war knapp," flüsterte Livia erleichtert.

„Aber wir dürfen uns nicht entspannen," sagte Rexus ernsthaft. „Wir müssen weiterlaufen." Mit einem letzten Blick über die Schulter traten sie wieder in die Flucht ein, entschlossen, ihre Freiheit zurückzuerobern und den Schatten ihrer Vergangenheit zu entkommen.

7.2 Versteckspiel

Die Sonne war bereits hinter den Dächern Roms verschwunden, als Rexus und Livia sich in einem kleinen, dunklen Hinterhof versteckten. „Wir müssen leise sein," flüsterte Rexus, während er sich an die Wand drückte und seine Umgebung musterte. „Wenn sie uns finden, ist es vorbei."

Livia nickte nervös und hielt ihren Atem an. „Ich kann die Wachen hören," murmelte sie. „Sie sind nicht weit entfernt." Ihre Augen waren weit aufgerissen vor Angst, doch in ihrem Blick lag auch eine unerschütterliche Entschlossenheit.

„Wir müssen einen Plan schmieden," sagte Rexus und überlegte hastig. „Wenn wir hier bleiben, werden sie uns irgendwann finden. Wir müssen uns bewegen."

- Der Hof war klein und bot wenig Deckung.
- Die Geräusche der Stadt schienen in der Dunkelheit zu verschwinden.
- Rexus fühlte das Gewicht der Verantwortung auf seinen Schultern.

„Was ist mit dem alten Aquädukt? Dort könnten wir uns verstecken," schlug Livia vor und ihre Stimme klang etwas hoffnungsvoller. „Es gibt viele Tunnel dort."

„Das ist ein guter Gedanke," stimmte Rexus zu. „Aber wir müssen vorsichtig sein. Wenn wir den falschen Weg nehmen..." Er brach ab, als ein lautes Geräusch von der Straße zu ihnen drang – das Klirren von Rüstungen und das Geschrei der Wachen.

Livia zitterte leicht. „Ich habe solche Angst, Rexus." Sie sah ihn an, ihre Augen suchten nach Sicherheit in seinem Gesicht.

„Ich weiß," antwortete er sanft und legte eine Hand auf ihre Schulter. „Aber wir schaffen das zusammen. Lass uns jetzt gehen." Mit einem letzten Blick über die Schulter schlüpften sie aus dem Hinterhof und bewegten sich schnell durch die Gassen, immer darauf bedacht, im Schatten zu bleiben.

Als sie um eine Ecke bogen, hörten sie die Stimmen der Wachen näherkommen. „Schnell! Hier entlang!" rief Rexus und zog Livia mit sich in Richtung des Aquädukts, wo die Dunkelheit ihnen vielleicht einen Moment des Atemholens schenken würde.

7.3 Entscheidende Wendungen

Als Rexus und Livia sich hastig durch die dunklen Gassen Roms bewegten, spürte Rexus, wie sich das Schicksal um sie herum zu verändern begann. „Wir müssen uns beeilen," flüsterte er, während sie an einer schmalen Passage vorbeischlüpften. „Die Wachen sind näher als ich dachte."

Livia hielt kurz inne und sah ihn mit großen Augen an. „Was ist, wenn wir gefasst werden? Was dann?" Ihre Stimme zitterte vor Angst.

„Wir dürfen nicht aufgeben," erwiderte Rexus entschlossen. „Es gibt immer einen Ausweg." Er erinnerte sich an die Geschichten über den alten Aquädukt und die geheimen Tunnel, die darunter verliefen. „Wenn wir es bis dorthin schaffen, könnten wir entkommen."

- Die Dunkelheit der Nacht bot ihnen einen gewissen Schutz.
- Rexus fühlte den Druck der Zeit; jeder Moment zählte.
- Livia war eine Quelle der Hoffnung, auch in ihrer Verzweiflung.

Plötzlich hörten sie ein lautes Geräusch hinter sich – das Klirren von Rüstungen und das Geschrei der Wachen hallte durch die Gassen. „Schnell! Hier entlang!" rief Rexus und zog Livia mit sich in eine enge Seitengasse.

„Ich kann nicht mehr," keuchte Livia, als sie weiterliefen. „Ich habe solche Angst!"

„Ich weiß," antwortete er sanft und hielt ihre Hand fester. „Aber du bist stärker als du denkst. Wir müssen zusammenhalten." In diesem Moment spürte er eine Veränderung in ihr; ihre Entschlossenheit wuchs mit jedem Schritt.

Als sie schließlich den Eingang zum Aquädukt erreichten, atmete Rexus tief durch. Die kühle Luft des Tunnels umhüllte sie wie ein schützender Mantel. „Hier sind wir sicherer," sagte er leise und blickte in Livias Gesicht, das nun von einem Funken Hoffnung erleuchtet war.

„Was ist unser Plan jetzt?" fragte Livia neugierig und gleichzeitig besorgt.

„Wir müssen herausfinden, wo diese Tunnel hinführen," erklärte Rexus nachdenklich. „Vielleicht gibt es einen Ausgang auf der anderen Seite der Stadt." Mit einem letzten Blick zurück in die Dunkelheit der Gasse wagten sie den ersten Schritt ins Unbekannte.

8
Rückkehr als Held

8.1 Heimkehr voller Unsicherheit

Die Rückkehr nach Rom war für Rexus ein Moment der gemischten Gefühle. Während er durch die vertrauten Straßen schritt, überkam ihn eine Welle der Nostalgie, doch gleichzeitig nagte die Angst an ihm. „Was, wenn sie mich nicht mehr erkennen? Was, wenn ich alles verloren habe?" murmelte er leise vor sich hin.

Marcus, der neben ihm ging, bemerkte seine innere Zerrissenheit. „Rexus, du bist nicht mehr der Sklave von einst. Du hast gekämpft und gesiegt. Deine Familie wird stolz auf dich sein."

„Stolz? Oder enttäuscht?", entgegnete Rexus mit einem bitteren Lächeln. „Ich bin ein Gladiator geworden – ein Werkzeug des Todes."

Livia, die hinter ihnen herging, trat näher und legte eine Hand auf seinen Arm. „Du bist mehr als das! Du hast für deine Freiheit gekämpft und das ist es, was zählt." Ihre Augen funkelten vor Entschlossenheit.

- **Unsicherheit über die Vergangenheit:** Rexus fragte sich ständig, ob seine Familie noch lebte oder ob sie ihn vergessen hatten.
- **Angst vor Ablehnung:** Die Vorstellung, dass seine Lieben ihn nicht akzeptieren könnten, quälte ihn.
- **Kampf um Identität:** Er fühlte sich zwischen dem Gladiator und dem Mann hin- und hergerissen, der er einmal war.

Als sie schließlich das Haus seiner Kindheit erreichten, blieb Rexus stehen. „Hier ist es", flüsterte er und sah auf die verwitterten Mauern. Erinnerungen stiegen in ihm auf – Spiele mit seinen Geschwistern und das Lachen seiner Mutter.

„Glaubst du wirklich, dass sie hier sind?", fragte Marcus vorsichtig.

"Ich weiß es nicht", antwortete Rexus zögernd. "Aber ich muss es herausfinden." Mit einem tiefen Atemzug trat er vor die Tür und klopfte an – ein Geräusch voller Hoffnung und Furcht zugleich.

Livia stellte sich an seine Seite: „Egal was passiert – wir sind bei dir." Ihre Worte gaben ihm den Mut weiterzumachen.

8.2 Triumphale Rückeroberung

Die Tür öffnete sich langsam, und Rexus trat in die Dunkelheit des Hauses ein. Ein vertrauter Geruch von Holz und Erinnerungen umhüllte ihn. „Mama? Vater?" rief er mit zitternder Stimme, während seine Freunde hinter ihm blieben, bereit, ihn zu unterstützen.

„Es ist still", flüsterte Marcus und sah sich um. „Vielleicht sind sie nicht hier."

„Oder sie haben auf dich gewartet", erwiderte Livia hoffnungsvoll und legte eine Hand auf Rexus' Schulter. „Du bist zurückgekehrt, das zählt."

Rexus schüttelte den Kopf. „Ich bin nicht der Junge, der einst hier lebte. Ich bin ein Gladiator – ein Kämpfer." Seine Stimme war voller Zweifel.

- **Erinnerungen an die Kindheit:** Die Wände waren Zeugen seiner Unschuld; jedes Bild erinnerte ihn an die Freude und das Lachen seiner Familie.
- **Kampfgeist:** Trotz seiner inneren Zerrissenheit spürte er den Drang, für seine Familie zu kämpfen – nicht nur im Ring, sondern auch in seinem Herzen.
- **Hoffnung auf Wiedervereinigung:** Der Gedanke an eine mögliche Rückkehr seiner Eltern gab ihm Kraft.

Plötzlich hörten sie Schritte aus dem Hinterzimmer. Rexus' Herz schlug schneller. „Das könnte..." Er hielt inne, als eine Gestalt erschien – seine Mutter! Ihre Augen weiteten sich vor Schock und Freude.

„Rexus! Mein Sohn!" Sie stürzte auf ihn zu und umarmte ihn fest. Tränen liefen über ihr Gesicht. „Ich habe nie aufgehört zu hoffen!"

"Mama!" Rexus konnte kaum sprechen, so überwältigt war er von Emotionen. „Ich dachte... ich dachte, ich hätte euch verloren."

Livia lächelte und flüsterte: „Siehst du? Du bist immer noch geliebt."

Marcus trat näher und klopfte Rexus auf den Rücken: „Du hast es geschafft! Du hast deine Familie zurückgewonnen."

In diesem Moment fühlte Rexus einen neuen Sinn in seinem Leben – nicht nur als Gladiator, sondern als Sohn und Bruder. Die Rückkehr war mehr als triumphal; es war eine Wiedergeburt seiner Identität.

8.3 Anerkennung und Ehre

Die Rückkehr von Rexus in sein Heimatdorf war nicht nur ein persönlicher Triumph, sondern auch eine Gelegenheit für die Dorfbewohner, ihre Wertschätzung für den Gladiator zu zeigen. Als er durch die Straßen ging, spürte er die Blicke der Menschen auf sich gerichtet. „Rexus! Der Held!" rief ein Junge und sprang vor Freude in die Luft.

„Du hast uns alle stolz gemacht", sagte eine alte Frau mit zitternder Stimme, während sie ihm einen Kranz aus Blumen überreichte. „Deine Kämpfe haben uns Hoffnung gegeben."

Rexus lächelte bescheiden und erwiderte: „Es war nicht nur mein Kampf; es war der Kampf für uns alle." Seine Worte waren ehrlich, doch tief in seinem Inneren fühlte er den Druck der Erwartungen.

- **Ehre des Gladiators:** Rexus hatte im Ring gekämpft, um seine Freiheit zu gewinnen, aber nun kämpfte er auch um das Ansehen seiner Familie und seines Dorfes.
- **Anerkennung durch die Gemeinschaft:** Die Menschen scharten sich um ihn, jeder wollte seine Geschichte hören – wie er gegen die Widrigkeiten gekämpft hatte.
- **Innere Konflikte:** Trotz der äußeren Anerkennung nagten Zweifel an ihm. War er wirklich der Held, den sie brauchten?

Livia trat an seine Seite und flüsterte: „Du musst dir selbst glauben, Rexus. Die Menschen sehen dich als ihren Retter."

„Aber ich bin nicht perfekt", antwortete Rexus nachdenklich. „Ich habe so viel verloren…"

Marcus legte ihm eine Hand auf die Schulter. „Jeder hat Fehler. Es ist deine Stärke, dass du zurückgekehrt bist und bereit bist zu kämpfen – nicht nur im Ring."

In diesem Moment erkannte Rexus, dass wahre Ehre nicht nur aus Siegen bestand; sie kam auch von der Fähigkeit, für andere da zu sein und ihnen Hoffnung zu geben. Er atmete tief ein und ließ den Druck los – vielleicht konnte er tatsächlich als Held leben.

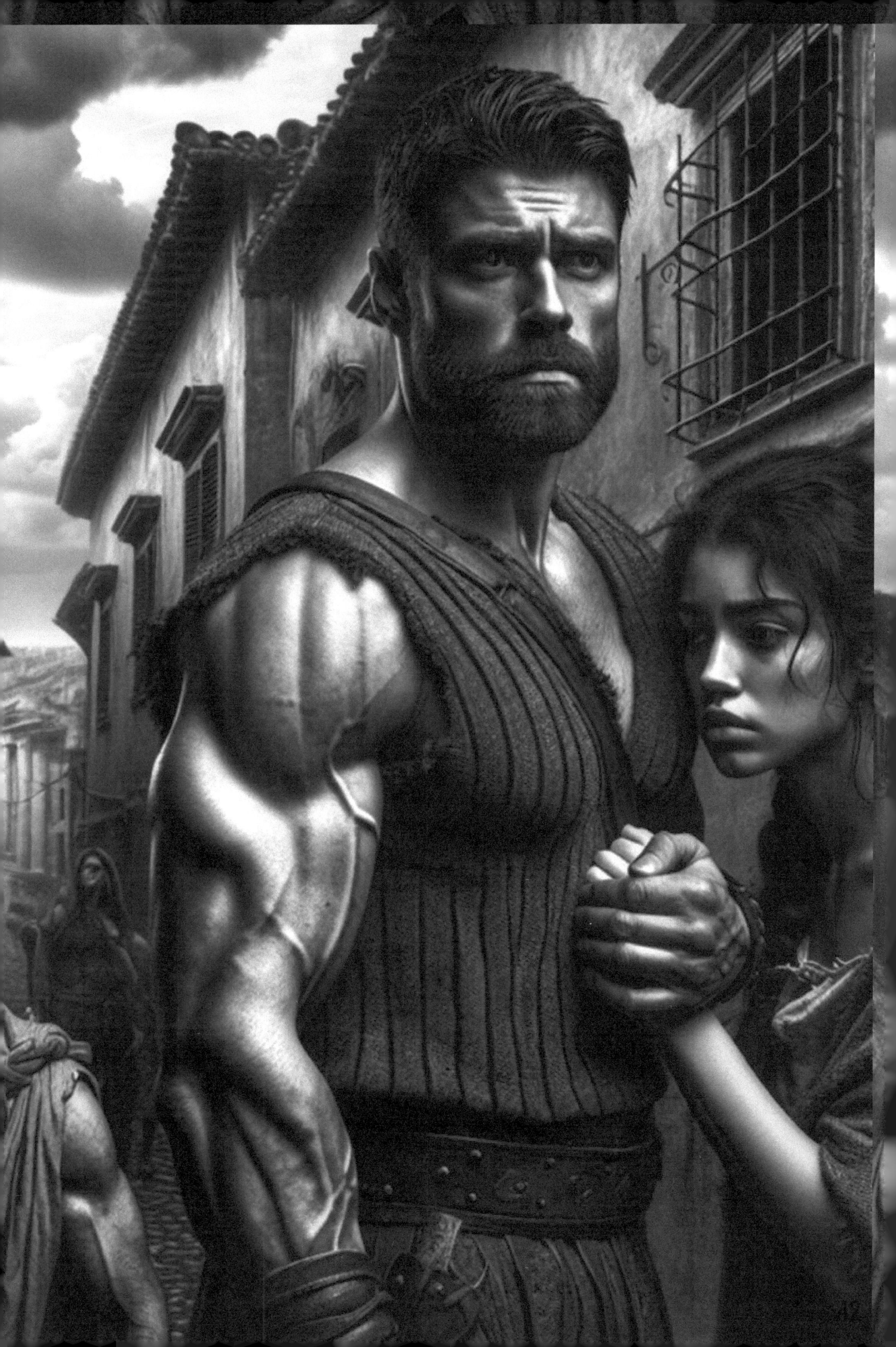

9
Familiengeheimnisse enthüllen

9.1 Suche nach der Wahrheit

Die Dämmerung senkte sich über Rom, als Rexus und Livia in einer kleinen, versteckten Kammer des Gladiatorenlagers saßen. Der Geruch von feuchtem Stein und altem Holz umgab sie, während die Schatten der Vergangenheit an den Wänden tanzten. Rexus' Herz pochte heftig, als er die Worte seiner Mentor Marcus im Kopf wiederholte: „Die Wahrheit ist ein scharfes Schwert, das sowohl befreien als auch verletzen kann."

„Was meinst du mit diesen Geheimnissen?", fragte Livia leise und sah Rexus mit ihren durchdringenden Augen an. „Hast du wirklich geglaubt, dass deine Familie tot ist?"

Rexus seufzte tief und ließ seinen Blick auf den Boden sinken. „Ich habe es mir immer gewünscht, aber..." Er hielt inne und suchte nach den richtigen Worten. „Es gibt Hinweise, die ich nicht ignorieren kann. Ein alter Mann in der Stadt sprach von einem Sklavenaufstand vor vielen Jahren – vielleicht war meine Familie Teil davon."

Livia rückte näher zu ihm heran. „Und was wirst du tun? Wenn du sie findest? Was dann?"

„Ich muss wissen, ob sie noch leben", antwortete Rexus entschlossen. „Wenn ich sie finde, könnte ich endlich Frieden finden."

- **Die Suche nach Hinweisen:** Rexus plante, die Straßen Roms abzusuchen.
- **Verborgene Wahrheiten:** Er wusste, dass alte Freunde oder Feinde Informationen haben könnten.
- **Kosten der Wahrheit:** Die Gefahr war groß; viele wollten nicht an die Vergangenheit erinnert werden.

Livia nickte verständnisvoll. „Ich werde dir helfen", sagte sie fest. „Gemeinsam können wir die Schatten vertreiben." Ihre Entschlossenheit gab Rexus neuen Mut.

„Wir müssen vorsichtig sein", warnte er und dachte an den Lanista und seine Machenschaften. „Er wird alles tun, um uns aufzuhalten."

Livia lächelte schwach. „Aber wir sind stärker zusammen." In diesem Moment spürten beide eine Verbindung zueinander – eine Allianz gegen das Unbekannte und eine Hoffnung auf eine bessere Zukunft.

9.2 Überraschende Enthüllungen

Die Nacht war hereingebrochen, und die kleine Kammer des Gladiatorenlagers war nur schwach erleuchtet von einer flackernden Öllampe. Rexus und Livia saßen eng beieinander, während sie über die möglichen Geheimnisse seiner Familie sprachen. „Ich habe etwas herausgefunden", begann Rexus zögerlich, seine Stimme kaum mehr als ein Flüstern. „Ein alter Freund meines Vaters könnte noch leben."

Livia sah ihn überrascht an. „Was? Woher weißt du das?"

„Er hat mir in einem Traum erschienen", gestand Rexus und fühlte sich dabei seltsam verletzlich. „Er sprach von einem Versteck, einem Ort außerhalb der Stadt, wo meine Familie möglicherweise Zuflucht gefunden hat."

Livia lehnte sich näher zu ihm. „Das ist unglaublich! Wir müssen sofort dorthin!" Ihre Augen funkelten vor Aufregung.

„Aber es gibt ein Problem", fuhr Rexus fort und senkte den Blick. „Der Ort wird von dem Lanista bewacht, der nicht nur die Gladiatoren kontrolliert, sondern auch viele Geheimnisse der Stadt kennt."

- **Der alte Freund:** Ein Mann namens Tiberius, der einst mit Rexus' Vater gekämpft hatte.
- **Das Versteck:** Eine verlassene Villa am Stadtrand von Rom.
- **Die Gefahr:** Der Lanista könnte alles tun, um die Wahrheit zu verbergen.

Livia nickte nachdenklich. „Wir müssen einen Plan schmieden. Vielleicht können wir Tiberius finden und ihn überzeugen, uns zu helfen."

„Und wenn er uns nicht glaubt? Was ist, wenn er denkt, ich sei ein Betrüger?" Rexus' Stimme war voller Zweifel.

Livia legte eine Hand auf seinen Arm. „Du bist kein Betrüger. Du bist sein Sohn – das allein sollte genügen." Sie lächelte ermutigend. „Gemeinsam werden wir es schaffen."

In diesem Moment spürten beide eine Welle der Hoffnung durch ihre Herzen strömen; die Möglichkeit einer Wiedervereinigung mit seiner Familie schien greifbar nah.

9.3 Familienzusammenführung

Die Dämmerung hatte sich über die Stadt gelegt, als Rexus und Livia sich auf den Weg zur verlassenen Villa machten. Die Aufregung in Rexus' Brust war kaum zu bändigen. „Was, wenn Tiberius nicht da ist? Was, wenn wir alles umsonst riskieren?" fragte er nervös.

Livia sah ihn an und lächelte sanft. „Wir müssen es versuchen. Du hast von ihm geträumt; das bedeutet etwas." Sie griff nach seiner Hand und drückte sie fest. „Gemeinsam sind wir stark."

Als sie die Villa erreichten, war der Anblick überwältigend: verwitterte Mauern und überwucherte Gärten schienen Geschichten aus einer anderen Zeit zu erzählen. „Hier muss es sein", murmelte Rexus, während er die Tür öffnete, die mit einem leisen Quietschen aufschwang.

„Tiberius! Sind Sie hier?" rief Rexus in den dunklen Raum hinein. Seine Stimme hallte wider, doch keine Antwort kam.

- **Die Suche:** Rexus durchsuchte jeden Raum voller Hoffnung und Angst.
- **Ein Schatten:** Plötzlich bemerkten sie eine Bewegung im Hintergrund – ein älterer Mann trat hervor.
- **Tiberius:** „Rexus? Ist das wirklich du?"

Tiberius' Augen weiteten sich vor Überraschung, als er Rexus erkannte. „Ich habe so lange auf diesen Moment gewartet!" Er trat näher und umarmte Rexus fest. Tränen der Freude liefen über sein Gesicht.

Livia beobachtete die Szene mit einem warmen Lächeln. „Es ist schön, dass ihr euch wiedergefunden habt", sagte sie leise.

„Ich dachte, ich hätte dich verloren", flüsterte Tiberius und hielt Rexus an den Schultern fest. „Dein Vater hat mir oft von dir erzählt."

„Er hat mich nie aufgegeben", antwortete Rexus mit zitternder Stimme. „Ich wollte wissen, was mit unserer Familie geschehen ist."

Tiberius nickte verstehend. „Es gibt viel zu erzählen – Geheimnisse, die dich betreffen." Er wandte sich an Livia: „Und wer bist du?"

Livia stellte sich vor: „Ich bin Livias Freundin und habe ihm geholfen, dich zu finden." Ihre Augen funkelten vor Entschlossenheit. "Gemeinsam können wir die Wahrheit ans Licht bringen."

10
Der ultimative Test

10.1 Herausforderung annehmen

Die Arena war ein Ort der Herausforderungen, und heute stand Rexus vor seiner bisher größten Prüfung. Der Lanista hatte ihn ausgewählt, um gegen den gefürchteten Gladiator Tarquin zu kämpfen, einen Mann, dessen Ruf selbst die mutigsten Kämpfer in Angst versetzte. Rexus spürte das Gewicht der Erwartungen auf seinen Schultern, während er sich mit Marcus und Livia im Schatten der Arena beriet.

„Du musst es annehmen, Rexus", sagte Marcus mit fester Stimme. „Das ist deine Chance, nicht nur zu überleben, sondern auch zu zeigen, wer du wirklich bist."

Livia trat näher und legte eine Hand auf Rexuss Arm. „Wir glauben an dich. Du hast so viel mehr in dir als nur einen Gladiator. Du kämpfst für deine Freiheit und für deine Familie."

Rexus nickte langsam, doch Zweifel nagten an ihm. „Was ist, wenn ich scheitere? Was ist, wenn ich nicht genug bin?"

„Scheitern ist keine Option", erwiderte Marcus entschlossen. „Denke daran: Jeder Schlag in der Arena ist ein Schritt näher zu deiner Freiheit."

- **Kampfgeist:** Rexus musste seinen inneren Kampfgeist finden.
- **Loyalität:** Die Unterstützung von Marcus und Livia gab ihm Kraft.
- **Identität:** Er musste sich selbst beweisen und seine wahre Identität finden.

Als die Zeit des Kampfes näher rückte, fühlte Rexus das Adrenalin durch seine Adern pumpen. Er wusste, dass dieser Kampf nicht nur um Ruhm ging; es war ein Test seiner Entschlossenheit und seines Mutes. In dem Moment, als er die Arena betrat und das Geschrei der Menge hörte, wurde ihm klar: Dies war sein Schicksal.

"Ich werde kämpfen", murmelte er leise zu sich selbst. "Für meine Freiheit und für die Hoffnung auf meine Familie." Mit einem letzten Blick auf seine Freunde trat er in den Ring – bereit für die Herausforderung seines Lebens.

10.2 Grenzen überwinden

Der Kampf gegen Tarquin war nicht nur eine physische Auseinandersetzung; es war ein Test von Rexus' innerer Stärke und seiner Fähigkeit, die eigenen Grenzen zu überwinden. Während er sich auf den bevorstehenden Kampf vorbereitete, spürte er, wie die Zweifel in ihm wuchsen. „Was ist, wenn ich nicht stark genug bin? Was ist, wenn ich falle?" fragte er sich leise.

Marcus bemerkte Rexuss innere Zerrissenheit und trat näher. „Hör zu, Rexus", begann er mit fester Stimme. „Jeder Kämpfer hat seine Ängste. Es geht darum, sie zu konfrontieren und sie hinter sich zu lassen."

Livia nickte zustimmend und fügte hinzu: „Du bist nicht allein in diesem Kampf. Wir stehen hinter dir, egal was passiert." Ihre Worte gaben Rexus einen Funken Hoffnung.

„Aber was ist mit dem Schmerz? Was ist mit der Möglichkeit des Scheiterns?" fragte Rexus verzweifelt.

- **Schmerz als Lehrer:** Er musste lernen, dass Schmerz oft der Weg zur Stärke ist.
- **Unterstützung:** Die Loyalität seiner Freunde gab ihm den Mut, weiterzumachen.
- **Selbstüberwindung:** Der wahre Sieg lag darin, seine eigenen Ängste zu besiegen.

„Denke daran", sagte Marcus eindringlich, „der größte Feind bist du selbst. Wenn du deine Grenzen überwindest, wirst du stärker zurückkommen."

Rexus atmete tief durch und ließ die Worte seiner Freunde in seinen Gedanken nachhallen. Er wusste jetzt: Es ging nicht nur um den Sieg im Ring; es ging darum, die Ketten seiner eigenen Unsicherheiten zu sprengen.

"Ich werde kämpfen", flüsterte er entschlossen und fühlte das Adrenalin erneut durch seine Adern strömen. "Nicht nur für meine Freiheit – sondern auch für das Vertrauen in mich selbst." Mit einem letzten Blick auf Marcus und Livia trat er in die Arena ein – bereit, seine Grenzen zu überschreiten und sich dem Unbekannten zu stellen.

10.3 Sieg oder Niederlage

Die Arena war erfüllt von einem ohrenbetäubenden Lärm, als Rexus und Tarquin sich gegenüberstanden. Der Geruch von Schweiß und Angst lag in der Luft, während die Menge gespannt auf den Ausgang des Kampfes wartete. Rexus fühlte das Adrenalin durch seine Adern pulsieren, doch gleichzeitig nagten die Zweifel an ihm. „Was ist, wenn ich nicht gewinne? Was wird aus mir?"

„Kämpfe für dich selbst, Rexus!", rief Marcus aus der Menge. „Egal wie es ausgeht, du bist schon jetzt ein Sieger!"

Livia stand neben Marcus und fügte hinzu: „Denke daran, dass jeder Schlag eine Lektion ist. Du musst nicht nur gewinnen; du musst auch lernen." Ihre Worte hallten in Rexuss Kopf wider und gaben ihm einen Moment der Klarheit.

Der Kampf begann mit einem lauten Gongschlag. Tarquin stürmte voran, seine Bewegungen waren schnell und präzise. Rexus wich geschickt aus und konterte mit einem kräftigen Schlag. Die ersten Treffer waren hart, aber er spürte die Unterstützung seiner Freunde wie eine unsichtbare Rüstung um sich.

- **Entschlossenheit:** Rexus kämpfte nicht nur gegen Tarquin; er kämpfte gegen seine eigenen Ängste.
- **Strategie:** Er erinnerte sich an Marcus' Rat: „Denke nach, bevor du handelst."
- **Mut:** Jeder Treffer stärkte seinen Willen weiterzumachen.

„Du bist schwach!", höhnte Tarquin zwischen den Schlägen. Doch Rexus ließ sich nicht beirren. „Ich bin stärker als je zuvor!", antwortete er mit fester Stimme und setzte zu einem entscheidenden Angriff an.

Die Menge tobte, als Rexus schließlich einen kraftvollen Schlag landete, der Tarquin zu Boden schickte. Ein kurzer Moment der Stille folgte – dann brach Jubel aus. Doch in diesem Augenblick wusste Rexus: Es ging nicht nur um den Sieg im Ring; es ging darum, die eigene Unsicherheit hinter sich zu lassen.

"Ich habe gewonnen", flüsterte er atemlos zu sich selbst und sah zu Marcus und Livia hinüber. Ihr Stolz war sein größter Lohn – unabhängig vom Ergebnis des Kampfes hatte er etwas viel Wertvolleres gewonnen: das Vertrauen in sich selbst.

11
Neue Verbündete

11.1 Unerwartete Hilfe

Die Arena war ein Ort des Schreckens und der Hoffnung zugleich. Rexus stand in der Mitte des Sandes, umgeben von den jubelnden Rufen der Menge, als er plötzlich eine vertraute Stimme hörte. „Rexus! Hier!" Es war Livia, die mit einem entschlossenen Ausdruck auf dem Gesicht durch die Menge drängte.

„Was machst du hier? Es ist zu gefährlich!" rief Rexus, während er sich bemühte, seine Konzentration auf den bevorstehenden Kampf zu richten.

Livia trat näher und flüsterte: „Ich habe Informationen über den Lanista. Er plant etwas gegen dich." Ihre Augen funkelten vor Entschlossenheit. „Wir müssen einen Plan schmieden."

„Was für einen Plan?" fragte Rexus skeptisch und spürte das Gewicht der Verantwortung auf seinen Schultern. „Ich kann nicht riskieren, dass du in Gefahr gerätst."

„Du bist nicht allein", entgegnete Livia mit fester Stimme. „Marcus hat mir gesagt, dass wir Verbündete brauchen. Ich habe einige Sklaven aus anderen Häusern kontaktiert – sie sind bereit zu helfen."

- Einige haben Zugang zu Informationen über die Gladiatoren.
- Andere können uns bei der Flucht unterstützen.
- Sogar einige Patrizier sympathisieren mit unserer Sache.

Rexus fühlte ein neues Gefühl der Hoffnung in sich aufsteigen. „Wenn wir das schaffen wollen, müssen wir zusammenarbeiten", sagte er und sah Livia an. „Aber ich kann nicht zulassen, dass du dich in Gefahr begibst."

Livia lächelte sanft und legte ihre Hand auf seine Schulter. „Wir sind alle in Gefahr, Rexus. Aber gemeinsam sind wir stärker." In diesem Moment wusste Rexus, dass er nicht nur für sich selbst kämpfte; es ging um Freiheit für alle unterdrückten Seelen im Schatten des Kolosseums.

„Gut", stimmte er schließlich zu. „Lass uns diesen Plan ausarbeiten und unsere Verbündeten versammeln." Die beiden schlossen einen Pakt – eine Allianz geboren aus Mut und dem unaufhörlichen Streben nach Freiheit.

11.2 Gemeinsame Ziele

Die Arena war nicht nur ein Ort des Kampfes, sondern auch ein Schmelztiegel der Hoffnungen und Träume. Rexus und Livia standen in einer kleinen, abgedunkelten Ecke des Kolosseums, umgeben von den ersten Verbündeten, die sie gewinnen konnten. Die Luft war erfüllt von einem Gefühl der Entschlossenheit.

„Wir müssen klar definieren, was wir erreichen wollen", begann Livia und sah jeden in der Runde an. „Es geht nicht nur um deine Freiheit, Rexus. Es geht um die Freiheit aller."

„Genau", stimmte Marcus zu, der sich aus dem Schatten hervorgewagt hatte. „Wir sind hier, weil wir alle unterdrückt werden. Unsere Ziele müssen vereint sein."

- Freiheit für alle Gladiatoren und Sklaven.
- Die Zerschlagung des tyrannischen Lanista-Systems.
- Ein neues Leben ohne Angst vor Verfolgung oder Gewalt.

Rexus nickte nachdenklich. „Aber wie können wir das erreichen? Der Lanista hat Macht und Einfluss."

Livia trat einen Schritt näher und sprach mit fester Stimme: „Wir müssen Informationen sammeln und unsere Kräfte bündeln. Jeder von uns hat etwas beizutragen – sei es Wissen über die Arena oder Kontakte zu wohlwollenden Patriziern."

„Ich kenne einige Patrizier, die gegen den Lanista sind", fügte Marcus hinzu. „Sie könnten uns unterstützen, wenn sie sehen, dass wir ernsthaft handeln."

„Das ist riskant", warnte Rexus. „Wenn wir entdeckt werden..."

Livia unterbrach ihn: „Wenn wir nichts tun, wird sich nichts ändern! Wir haben keine Wahl!" Ihre Augen funkelten vor Leidenschaft und Überzeugung.

„Also gut", sagte Rexus schließlich mit fester Stimme. „Lasst uns einen Plan entwickeln! Wir müssen unsere Ressourcen nutzen und sicherstellen, dass jeder weiß, was auf dem Spiel steht."

Die Gruppe nickte zustimmend; ein gemeinsames Ziel hatte sie vereint. In diesem Moment wurde ihnen klar: Sie waren nicht mehr allein im Kampf gegen die Unterdrückung – sie waren eine Allianz geboren aus Hoffnung und dem unaufhörlichen Streben nach Freiheit.

11.3 Stärke im Team

Die Dunkelheit des Kolosseums schien die Entschlossenheit der Gruppe nur zu verstärken. Rexus, Livia und Marcus standen zusammen, umgeben von ihren neuen Verbündeten, die alle ein gemeinsames Ziel verfolgten: die Freiheit. „Wir sind stärker, wenn wir zusammenarbeiten", begann Rexus und sah in die Gesichter seiner Mitstreiter.

„Das stimmt", erwiderte Livia mit einem aufmunternden Lächeln. „Jeder von uns bringt einzigartige Fähigkeiten mit. Wir müssen diese Stärken nutzen."

- **Rexus:** Der Kämpfer, dessen Mut und Entschlossenheit andere inspirieren.
- **Livia:** Die Strategin, die mit ihrem Wissen über das Lanista-System einen Plan entwickeln kann.
- **Marcus:** Der Netzwerker, der Verbindungen zu wohlwollenden Patriziern herstellen kann.

„Ich habe einige Kontakte in der Stadt", fügte Marcus hinzu. „Sie könnten uns helfen, Informationen zu sammeln oder sogar Unterstützung zu leisten."

„Aber wie können wir sicherstellen, dass sie uns vertrauen?", fragte Rexus skeptisch. „Es gibt viele Risiken."

Livia trat vor und sprach mit fester Stimme: „Indem wir offen und ehrlich sind! Wenn wir unsere Ziele klar kommunizieren und zeigen, dass wir bereit sind zu kämpfen, werden sie sich uns anschließen." Ihre Augen funkelten vor Überzeugung.

„Wir müssen auch darauf achten, dass wir nicht entdeckt werden", warnte Marcus. „Der Lanista hat Ohren überall."

„Deshalb ist es wichtig, dass jeder von uns seine Rolle kennt", erklärte Rexus. „Wir müssen als Einheit agieren – jeder Schritt muss koordiniert sein."

- Sichere Kommunikation zwischen den Mitgliedern.
- Klar definierte Aufgaben für jeden Einzelnen.
- Einen Notfallplan für den Fall einer Entdeckung.

12
Das große Finale

Die Gruppe nickte zustimmend; sie waren entschlossen, ihre Kräfte zu bündeln und gemeinsam gegen die Unterdrückung anzutreten. In diesem Moment wurde ihnen klar: Ihre Stärke lag nicht nur in ihren individuellen Fähigkeiten, sondern in ihrer Fähigkeit zur Zusammenarbeit – eine Allianz geboren aus Hoffnung und dem unaufhörlichen Streben nach Freiheit.

12.1 Vorbereitung auf den Endkampf

Die Luft in der Arena war elektrisch geladen, als Rexus sich auf den entscheidenden Kampf vorbereitete. Der Geruch von Schweiß und Blut hing schwer in der Atmosphäre, während die Menge ungeduldig wartete. „Rexus, du musst dich konzentrieren", sagte Marcus mit fester Stimme und legte eine Hand auf Rexus' Schulter. „Das ist nicht nur ein Kampf um dein Leben, sondern auch um deine Freiheit."

„Ich weiß, Marcus", antwortete Rexus und ballte seine Fäuste. „Aber die Angst frisst mich innerlich auf. Was ist, wenn ich scheitere?"

Livia trat näher und sah ihm direkt in die Augen. „Du bist stärker als du denkst, Rexus. Du hast schon so viel überwunden. Denk an deine Familie, an das Leben, das du dir wünschst." Ihre Worte waren wie ein Lichtstrahl in der Dunkelheit seiner Zweifel.

- **Kampftraining:** Die letzten Stunden vor dem Kampf verbrachte Rexus mit intensivem Training unter Marcus' Anleitung.
- **Strategie entwickeln:** Gemeinsam erarbeiteten sie einen Plan für den bevorstehenden Gegner – einen brutalen Gladiator namens Gaius.
- **Mentale Vorbereitung:** Livia half Rexus dabei, seine Ängste zu besiegen und sich auf das Wesentliche zu konzentrieren.

„Gaius wird nicht nur stark sein", warnte Marcus ernsthaft. „Er kennt die Arena besser als jeder andere hier."

„Dann werde ich ihn überraschen", erwiderte Rexus entschlossen und spürte das Adrenalin durch seinen Körper pumpen.

Livia lächelte sanft und fügte hinzu: „Denke daran, dass du nicht allein kämpfst. Wir sind alle hier für dich." Ihre Unterstützung gab ihm Kraft und Zuversicht.

Als die Zeit näher rückte, spürte Rexus das Gewicht der Erwartungen auf seinen Schultern. Doch mit jedem Atemzug wurde ihm klarer: Dieser Kampf war mehr als nur ein Wettstreit; es war sein Weg zur Selbstbestimmung und zur Rückkehr zu seiner Familie.

12.2 Konfrontation mit dem Schicksal

Die Arena war ein brodelnder Kessel aus Emotionen, als Rexus den Ring betrat. Der Lärm der Menge hallte in seinen Ohren, doch sein Fokus lag nur auf einem: Gaius, der brutale Gladiator, der ihm gegenüberstand. „Du bist mutig, kleiner Mann", rief Gaius mit einem höhnischen Grinsen. „Aber Mut allein wird dich nicht retten."

„Ich bin nicht hier, um zu verlieren", entgegnete Rexus und spürte das Adrenalin durch seine Adern pulsieren. Er erinnerte sich an die Worte von Marcus und Livia – sie waren sein Anker in diesem Sturm.

„Denk daran, was auf dem Spiel steht", flüsterte Marcus leise aus der Menge. „Deine Freiheit, deine Familie." Diese Gedanken schossen wie Pfeile durch Rexus' Geist und gaben ihm die Kraft, die er brauchte.

- **Kampfgeist:** Rexus wusste, dass er nicht nur für sich selbst kämpfte; er kämpfte für alle, die unterdrückt wurden.
- **Taktik anwenden:** Er hatte einen Plan entwickelt – eine Kombination aus Schnelligkeit und List sollte ihn zum Sieg führen.
- **Innere Stärke finden:** Mit jedem Schlag gegen Gaius versuchte er, seine Ängste abzubauen und seine Entschlossenheit zu stärken.

Der Kampf begann mit einem ohrenbetäubenden Knall des Horns. Gaius stürmte voran wie ein wildes Tier, doch Rexus wich geschickt aus und konterte mit einem präzisen Schlag. „Das ist alles, was du hast?" höhnte Gaius und lachte laut auf.

„Du wirst sehen", antwortete Rexus atemlos und sammelte all seine Energie für den nächsten Angriff. In diesem Moment fühlte er sich unbesiegbar; jeder Schlag war ein Schritt näher zur Freiheit.

Livia beobachtete angespannt von der Seitenlinie. Ihre Augen funkelten vor Hoffnung und Angst zugleich. „Kämpfe weiter! Du bist stärker als du denkst!" rief sie ihm zu und ihre Stimme schnitt durch das Chaos wie ein Lichtstrahl in der Dunkelheit.

Rexus spürte ihre Unterstützung wie eine unsichtbare Kraft hinter sich stehen. Er wusste jetzt: Dieser Kampf war mehr als nur eine Auseinandersetzung im Ring; es war eine Konfrontation mit seinem Schicksal.

12.3 Triumph oder Tragödie

Der Kampf hatte sich zu einem erbitterten Duell entwickelt, und die Arena war erfüllt von den Schreien der Zuschauer. Rexus spürte, wie seine Muskeln brannten, doch der Gedanke an seine Familie gab ihm die nötige Kraft. „Du bist stark, aber ich bin schneller", rief er Gaius zu und wich einem weiteren wütenden Schlag aus.

„Schnelligkeit allein wird dich nicht retten!", antwortete Gaius mit einem verächtlichen Lachen. „Ich werde dich zerreißen!" Die Worte des Gladiators hallten in Rexus' Kopf wider, doch er ließ sich nicht beirren. Er wusste, dass dieser Moment über sein Schicksal entscheiden würde.

- **Die Wette auf Freiheit:** Rexus kämpfte nicht nur um sein Leben; er kämpfte für die Hoffnung seiner Mitmenschen.
- **Ein letzter Plan:** Inmitten des Chaos erinnerte er sich an Marcus' Strategie – einen gezielten Angriff auf Gaius' Schwachstelle.
- **Die Stimme der Liebe:** Livia's Aufmunterung durchbrach das Geräusch der Menge: „Gib nicht auf! Du bist stärker als du denkst!"

Mit einem plötzlichen Anflug von Entschlossenheit stürmte Rexus vorwärts und setzte alles auf eine Karte. „Jetzt ist es Zeit!" schrie er und führte seinen Angriff aus. Der Schlag traf Gaius am Arm, und ein kurzer Moment der Überraschung blitzte in dessen Augen auf.

"Was? Das kann nicht sein!" stammelte Gaius, während er versuchte, sich zu fangen. Doch Rexus nutzte diese Gelegenheit und setzte nach. Ein weiterer präziser Treffer – diesmal direkt ins Gesicht des brutalen Gladiators – ließ die Menge verstummen.

„Das ist für alle, die unterdrückt werden!", rief Rexus mit aller Kraft und spürte den Adrenalinschub durch seinen Körper strömen. Doch im nächsten Moment geschah das Unvorhersehbare: Gaius taumelte zurück und fiel zu Boden. Ein kollektives Aufatmen ging durch die Arena.

Livia sprang auf und jubelte: „Du hast es geschafft! Du bist frei!" Doch während die Freude um ihn herum explodierte, spürte Rexus auch eine tiefe Traurigkeit in seinem Herzen – was würde aus all den anderen werden? War dies wirklich ein Triumph oder nur der Anfang einer neuen Tragödie?

13
Nachwirkungen des Kampfes

13.1 Wunden heilen

Die Arena hatte ihre Spuren hinterlassen. Rexus lag in der bescheidenen Unterkunft der Gladiatoren, umgeben von den vertrauten Gesichtern seiner Mitstreiter. Der Schmerz durchzog seinen Körper wie ein ungebetener Gast, und die frischen Wunden brannten unter dem scharfen Licht des Tages.

„Du musst dich schonen, Rexus", sagte Marcus mit einem besorgten Blick, während er eine salbenartige Mischung aus Kräutern und Öl vorbereitete. „Die Narben werden heilen, aber nur wenn du ihnen Zeit gibst."

„Ich kann nicht einfach hier liegen und warten", erwiderte Rexus mit einer Stimme, die vor Entschlossenheit zitterte. „Jeder Tag ist ein weiterer Schritt näher zu meiner Freiheit."

Livia trat näher und legte sanft eine Hand auf seine Schulter. „Manchmal bedeutet Stärke auch, sich zurückzuziehen und zu heilen", flüsterte sie. Ihre Augen funkelten im schwachen Licht der Kammer. „Wir brauchen dich stark für den nächsten Kampf."

- **Körperliche Heilung:** Die Wunden mussten gereinigt und verbunden werden.
- **Emotionale Heilung:** Rexus kämpfte nicht nur gegen physische Schmerzen, sondern auch gegen die Erinnerungen an seine verlorene Familie.
- **Loyalität:** Die Unterstützung von Marcus und Livia gab ihm Kraft in dieser schweren Zeit.

„Ich weiß", seufzte Rexus schließlich und ließ sich zurückfallen. „Aber ich fühle mich so machtlos."

Marcus nickte verständnisvoll. „Macht kommt nicht immer von körperlicher Stärke. Manchmal ist es der Geist, der uns antreibt." Er begann vorsichtig die Salbe auf Rexus' verletzte Arme aufzutragen.

"Gemeinsam werden wir das überstehen", sagte sie schließlich mit fester Stimme. "Egal was kommt."

Livia beobachtete das Geschehen stillschweigend, ihre Gedanken kreisten um die Gefahren, die noch vor ihnen lagen. Sie wusste, dass jeder Kampf nicht nur für Ruhm oder Ehre war; es war ein Überlebenskampf für alle drei von ihnen.

13.2 Neue Ordnungen

Die Zeit nach dem Kampf war geprägt von Veränderungen, die sich wie ein Schatten über die Gladiatoren legten. Rexus saß auf einer alten Holzbank in der Unterkunft, während Marcus und Livia um ihn herum standen. „Wir müssen unsere Strategie überdenken", begann Marcus und sah ernst aus. „Die Arena wird nicht immer so sein, wie wir sie kennen."

Livia nickte zustimmend. „Die letzten Kämpfe haben gezeigt, dass wir uns anpassen müssen. Die Gegner werden stärker und cleverer." Sie trat näher zu Rexus und legte ihm eine Hand auf den Arm. „Was denkst du darüber?"

„Ich denke, dass wir mehr als nur Kämpfer sind", antwortete Rexus nachdenklich. „Wir müssen auch Taktiker werden." Er schaute in die Gesichter seiner Freunde und spürte das Gewicht ihrer Erwartungen. „Wenn wir überleben wollen, brauchen wir einen Plan."

- **Neue Taktiken:** Die Gladiatoren mussten lernen, ihre Stärken strategisch einzusetzen.
- **Zusammenarbeit:** Jeder musste seine Fähigkeiten einbringen, um als Team zu agieren.
- **Vertrauen:** Es war entscheidend, dass sie sich gegenseitig vertrauten und unterstützten.

„Das bedeutet auch, dass wir neue Verbündete suchen sollten", schlug Livia vor. „Es gibt andere Gruppen in der Arena, die ähnliche Ziele verfolgen."

„Aber können wir ihnen trauen?", fragte Marcus skeptisch. „Es könnte gefährlich sein."

Rexus dachte kurz nach und erwiderte: „Gefahr ist Teil unseres Lebens hier. Aber wenn wir zusammenarbeiten können, könnten wir eine neue Ordnung schaffen – eine Allianz gegen die Tyrannei der Arena." Sein Blick wurde entschlossen.

Livia lächelte ermutigend. „Gemeinsam sind wir stärker als jeder Einzelne von uns allein." Sie spürte den Funken der Hoffnung in der Luft und wusste, dass dies der Beginn von etwas Größerem sein könnte.

"Lasst uns einen Plan schmieden", sagte Marcus schließlich mit neuem Elan in seiner Stimme. "Wir haben keine Zeit zu verlieren."

13.3 Zukunftspläne

Die Atmosphäre in der Unterkunft war angespannt, aber voller Hoffnung. Rexus, Marcus und Livia saßen um einen kleinen Tisch, auf dem eine Karte der Arena ausgebreitet lag. „Wir müssen unsere nächsten Schritte sorgfältig planen", begann Rexus und deutete auf verschiedene Bereiche der Karte. „Hier sind die Zonen, in denen wir Verbündete finden könnten."

„Ich habe gehört, dass die Gruppe von Tiberius im Osten aktiv ist", fügte Livia hinzu. „Sie haben sich gegen die Tyrannei der Arena ausgesprochen und könnten bereit sein, uns zu unterstützen."

Marcus schüttelte den Kopf. „Aber was ist mit den Risiken? Wir wissen nicht, ob sie uns wirklich helfen wollen oder ob sie uns nur als Werkzeug benutzen."

Rexus sah Marcus ernst an. „Das Risiko müssen wir eingehen. Wenn wir nichts tun, werden wir eines Tages selbst zu Opfern dieser Arena." Er spürte das Gewicht seiner Worte und wusste, dass es Zeit war zu handeln.

- **Verbündete suchen:** Die Gladiatoren sollten strategische Allianzen bilden.
- **Taktische Schulungen:** Sie mussten ihre Fähigkeiten weiterentwickeln und neue Techniken erlernen.
- **Geheime Treffen:** Um ihre Pläne zu besprechen und Informationen auszutauschen.

Livia nickte zustimmend. „Wir könnten auch andere Gladiatoren ansprechen, die ähnliche Ziele verfolgen. Gemeinsam wären wir stärker."

„Und was ist mit den Kämpfen?", fragte Marcus skeptisch. „Wir können nicht einfach abwarten und hoffen, dass sich alles von selbst löst."

„Das stimmt", antwortete Rexus nachdenklich. „Wir müssen weiterhin kämpfen, aber mit einem klaren Ziel vor Augen – unsere Freiheit zurückzugewinnen." Sein Blick wurde entschlossen. „Jeder Kampf muss ein Schritt in Richtung unserer neuen Ordnung sein."

Livia lächelte ermutigend und legte eine Hand auf Rexuses Schulter. „Gemeinsam schaffen wir das! Lass uns heute Nacht ein geheimes Treffen organisieren und unsere Ideen teilen."

„Ja! Es wird Zeit für einen Neuanfang", sagte Marcus mit neuem Elan in seiner Stimme.

14

Wiederaufbau einer Existenz

14.1 Neuanfang gestalten

Die Sonne schien hell über Rom, als Rexus und Livia in der kleinen Werkstatt standen, die sie sich als neuen Rückzugsort ausgesucht hatten. „Wir müssen einen Plan schmieden", sagte Rexus entschlossen und blickte auf die verstreuten Materialien um sie herum. „Ein Neuanfang erfordert mehr als nur Hoffnung."

Livia nickte zustimmend. „Wir könnten mit dem Handwerk beginnen. Die Menschen brauchen immer etwas, das sie kaufen können." Sie hob ein Stück Holz auf und betrachtete es nachdenklich. „Was hältst du von Möbeln? Es gibt viele reiche Bürger, die ihre Paläste dekorieren wollen."

„Das klingt gut", antwortete Rexus und lächelte leicht. „Aber wir müssen auch an unsere Sicherheit denken. Der Lanista wird nicht einfach zusehen, wie wir uns eine neue Existenz aufbauen."

„Dann sollten wir Verbündete finden", schlug Livia vor und ihre Augen funkelten vor Entschlossenheit. „Marcus könnte uns helfen. Er hat Kontakte zu anderen Gladiatoren, die ebenfalls nach einem Ausweg suchen."

Rexus überlegte kurz und nickte schließlich. „Ja, Marcus ist weise und kennt die Gefahren dieser Stadt besser als jeder andere." Er trat näher zu Livia und legte seine Hand auf ihre Schulter. „Gemeinsam sind wir stärker."

- Verbündete suchen: Marcus kontaktieren.
- Sichere Werkstatt einrichten.
- Möbel entwerfen und herstellen.

In den folgenden Tagen arbeiteten Rexus und Livia unermüdlich daran, ihre Pläne in die Tat umzusetzen. Sie entwarfen einfache aber elegante Möbelstücke aus dem Holz, das sie gesammelt hatten, während Marcus ihnen half, Kontakte zu knüpfen.

Eines Abends saßen sie zusammen am Tisch der Werkstatt, umgeben von ihren ersten Kreationen. „Es fühlt sich gut an", sagte Rexus leise, während er einen Stuhl betrachtete, den er gerade vollendet hatte. „Wie ein Schritt in eine neue Zukunft."

Livia lächelte ihn an: „Und das ist erst der Anfang! Lass uns weiter träumen und kämpfen!" Ihre Worte hallten durch den Raum wie ein Versprechen – ein Versprechen für Freiheit und Selbstbestimmung in einer Welt voller Herausforderungen.

14.2 Alte Brücken bauen

Die Werkstatt war ein Ort des Schaffens, aber auch der Erinnerungen. Rexus und Livia hatten in den letzten Wochen viel erreicht, doch die Schatten ihrer Vergangenheit schienen sie immer noch zu verfolgen. Eines Morgens saßen sie zusammen am Tisch, als Marcus eintrat, seine Miene ernst.

„Wir müssen über die Gladiatoren sprechen", begann er und setzte sich zu ihnen. „Es gibt viele, die bereit sind, sich uns anzuschließen, aber wir müssen Vertrauen aufbauen."

Livia sah ihn an und fragte: „Wie können wir das tun? Die meisten von ihnen haben nur Enttäuschungen erlebt."

„Indem wir alte Brücken bauen", antwortete Marcus nachdenklich. „Wir sollten mit denen sprechen, die uns kennen – denjenigen, die wissen, dass wir nicht nur für uns selbst kämpfen."

Rexus nickte zustimmend. „Das ist eine gute Idee. Wir könnten ein Treffen organisieren und unsere Vision teilen."

- Einladung an alte Bekannte senden.
- Ein Treffen in der Werkstatt planen.
- Gemeinsame Ziele definieren.

In den folgenden Tagen arbeiteten sie daran, ihre alten Kontakte zu reaktivieren. Sie schrieben Briefe und suchten nach ehemaligen Gladiatoren, die bereit waren zuzuhören. Als der Tag des Treffens endlich kam, war die Werkstatt gefüllt mit Gesichtern aus der Vergangenheit – einige vertraut, andere fremd.

„Willkommen!", rief Rexus mit fester Stimme und blickte in die Runde. „Wir sind hier nicht nur um zu überleben; wir wollen eine Gemeinschaft aufbauen!"

Einer der Anwesenden meldete sich: „Und was ist unser Plan? Wie können wir sicherstellen, dass es diesmal anders wird?"

Livia trat vor und erklärte: „Indem wir zusammenarbeiten! Jeder von euch hat Fähigkeiten – lasst uns diese nutzen!" Ihre Worte fanden Gehör und bald entstand eine lebhafte Diskussion über Möglichkeiten und Ideen.

Als das Treffen endete, spürten Rexus und Livia eine neue Energie in der Luft. Alte Brücken wurden wiederhergestellt; Vertrauen wurde neu aufgebaut – ein erster Schritt in Richtung einer gemeinsamen Zukunft.

14.3 Neue Wege gehen

Die Werkstatt war nun ein Ort des Austauschs und der Ideen, doch Rexus und Livia wussten, dass sie noch viel mehr tun mussten, um ihre Gemeinschaft zu stärken. Eines Abends saßen sie zusammen mit Marcus und überlegten, wie sie die neu gewonnenen Kontakte aktiv einbinden könnten.

„Wir müssen neue Wege gehen", begann Livia nachdenklich. „Es reicht nicht aus, nur zu reden. Wir müssen Taten folgen lassen."

Marcus nickte zustimmend. „Was schwebt dir vor? Ich denke, wir sollten Workshops anbieten – etwas Praktisches, das die Leute zusammenbringt."

„Das ist eine großartige Idee!", rief Rexus begeistert. „Wir könnten Fähigkeiten austauschen: Schmieden, Kämpfen oder sogar Strategien entwickeln."

· Workshop für Schmiedekunst organisieren.
· Kampftechniken gemeinsam trainieren.
· Strategie-Meetings abhalten.

Livia lächelte und fügte hinzu: „Und wir sollten auch Raum für Kreativität schaffen. Vielleicht können wir eine Art Kunstprojekt starten – etwas, das unsere Geschichte erzählt."

„Eine Wandmalerei könnte das sein!", schlug Marcus vor. „Jeder könnte einen Teil beisteuern und so seine eigene Geschichte erzählen."

Die drei diskutierten weiter über die Details ihrer Pläne und spürten dabei eine wachsende Aufregung in der Luft. Es war klar, dass diese neuen Wege nicht nur ihre Gemeinschaft stärken würden, sondern auch jedem Einzelnen helfen könnten, sich selbst neu zu entdecken.

Einen Tag später versammelten sie einige der ehemaligen Gladiatoren in der Werkstatt und präsentierten ihre Ideen. Rexus trat vor und sagte: „Wir möchten euch einladen, gemeinsam an diesen Projekten zu arbeiten. Lasst uns zeigen, was wir erreichen können!"

Einer der Anwesenden meldete sich: „Ich habe schon lange nicht mehr geschmiedet – ich wäre gerne dabei!" Ein anderer fügte hinzu: „Und ich kann beim Training helfen!" Die Begeisterung war spürbar; neue Wege wurden beschritten und alte Wunden begannen zu heilen.

15
Die Macht der Öffentlichkeit

15.1 Einfluss gewinnen

In der Arena von Rom, wo das Geschick eines Gladiators oft über Leben und Tod entscheidet, wird Rexus zunehmend bewusst, dass sein Überleben nicht nur von seinen Kampfkünsten abhängt, sondern auch von der Gunst des Publikums. „Du musst sie für dich gewinnen", rät Marcus ihm während eines Trainings. „Die Menge ist mächtig. Sie kann dir Freiheit schenken oder dich ins Verderben stürzen."

Rexus nickt nachdenklich. „Aber wie? Ich bin nur ein Sklave, ein Werkzeug in den Händen des Lanista."

„Das ist genau der Punkt", entgegnet Livia, die sich zu ihnen gesellt hat. „Du bist mehr als das! Du hast die Fähigkeit, ihre Herzen zu berühren. Zeige ihnen deine Stärke und deinen Mut!"

- **Emotionale Verbindung:** Rexus beginnt zu verstehen, dass er seine Kämpfe nicht nur als physische Herausforderungen sehen darf. Er muss Geschichten erzählen – Geschichten von Verlust und Hoffnung.
- **Charisma entwickeln:** Mit jedem Kampf versucht er, seine Persönlichkeit durch Gesten und Blicke auszudrücken. Ein Lächeln hier, ein entschlossener Blick dort – all dies zählt.
- **Kameradschaft fördern:** Indem er sich mit anderen Gladiatoren anfreundet und ihre Geschichten teilt, schafft er eine Gemeinschaft, die das Publikum anspricht.

Eines Tages ruft der Lanista Rexus in sein Büro: „Du bist beliebt geworden. Die Leute wollen mehr von dir sehen." Rexus spürt einen Anflug von Stolz, doch gleichzeitig wächst der Druck auf seinen Schultern.

"Was ist dein Plan?", fragt Marcus ihn später im Training. "Wie wirst du diese Macht nutzen?"

"Ich werde kämpfen", antwortet Rexus entschlossen. "Aber ich werde auch für die kämpfen, die keine Stimme haben." Seine Worte hallen in der Luft wider und lassen sowohl Marcus als auch Livia innehalten.

So beginnt Rexus' Reise nicht nur als Gladiator im Ring, sondern auch als Symbol für Hoffnung und Veränderung in einer Welt voller Ungerechtigkeit.

15.2 Massen mobilisieren

Die Arena war überfüllt, das Geschrei der Menge hallte durch die Luft wie ein mächtiger Sturm. Rexus stand in der Mitte des Rings, umgeben von seinen Mitstreitern, und spürte die Energie der Zuschauer. „Wir müssen sie erreichen", flüsterte Livia ihm zu, während sie sich auf den bevorstehenden Kampf vorbereiteten.

„Wie? Sie sind nur hier für das Blutvergießen", erwiderte Rexus skeptisch und sah in die Gesichter der Menschenmenge.

„Genau das ist es! Wir müssen ihre Emotionen ansprechen", erklärte Marcus mit einem entschlossenen Blick. „Wenn wir ihnen zeigen, dass wir mehr sind als nur Kämpfer, können wir sie mobilisieren."

- **Geschichten erzählen:** Rexus begann zu begreifen, dass jeder Kampf eine Geschichte war – eine Erzählung von Mut und Überwindung. „Ich werde meine Vergangenheit teilen", sagte er nachdenklich.
- **Symbolik nutzen:** Livia schlug vor: „Trage etwas, das deine Herkunft symbolisiert. Lass sie wissen, wofür du kämpfst!"
- **Kollektive Identität schaffen:** Gemeinsam mit anderen Gladiatoren plante Rexus eine Botschaft: „Wir sind nicht allein! Wir kämpfen für Freiheit und Gerechtigkeit!"

Eines Abends versammelten sich die Gladiatoren im Schatten der Arena. „Lasst uns unsere Stimmen erheben!", rief Rexus leidenschaftlich. Die anderen nickten zustimmend; ihre Augen funkelten vor Entschlossenheit.

"Was ist unser Ziel?", fragte Marcus und sah jeden Einzelnen an.

"Wir wollen die Menschen inspirieren", antwortete Livia mit fester Stimme. "Sie sollen erkennen, dass wir für mehr kämpfen als nur um unser Überleben."

Rexus fühlte den Druck wachsen, aber auch die Hoffnung. „Wenn wir zusammenstehen und unsere Geschichten erzählen, können wir vielleicht etwas verändern." Seine Worte schienen in der Luft zu schweben und ließen alle innehalten.

So begannen sie nicht nur zu kämpfen; sie mobilisierten eine ganze Menge hinter sich – eine Bewegung voller Leidenschaft und Veränderung in einer Welt voller Ungerechtigkeit.

15.3 Politische Spiele

Die Arena war nicht nur ein Ort des Kampfes, sondern auch ein Schauplatz für politische Intrigen. Rexus und seine Mitstreiter wussten, dass ihre Kämpfe mehr waren als bloße Unterhaltung; sie waren Teil eines größeren Spiels, in dem Macht und Einfluss auf dem Spiel standen.

„Wir müssen die richtigen Verbündeten finden", sagte Marcus, während er über die Gesichter der Zuschauer nachdachte. „Die Elite beobachtet uns genau. Wenn wir ihre Aufmerksamkeit gewinnen wollen, müssen wir strategisch vorgehen."

Livia nickte zustimmend. „Jeder Sieg kann uns näher zu den Entscheidungsträgern bringen. Wir sollten unsere Kämpfe nutzen, um eine Botschaft zu senden."

- **Allianzen schmieden:** Rexus wusste, dass es wichtig war, sich mit anderen Gladiatoren zusammenzuschließen. „Gemeinsam sind wir stärker", erklärte er und sah in die Runde.
- **Öffentlichkeitsarbeit:** Livia schlug vor: „Lasst uns unsere Geschichten nicht nur im Ring erzählen, sondern auch außerhalb! Wir müssen die Menschen mobilisieren."
- **Taktische Kämpfe:** Marcus plante bereits den nächsten Kampf: „Wir sollten einen spektakulären Auftritt hinlegen – etwas, das die Massen begeistert und die Mächtigen beeindruckt."

Eines Abends versammelten sich die Gladiatoren in einem geheimen Raum hinter der Arena. „Was ist unser nächster Schritt?", fragte Rexus mit Nachdruck.

„Wir müssen einen Gegner wählen, der nicht nur stark ist, sondern auch symbolisch für das steht, wogegen wir kämpfen", antwortete Livia entschlossen. „Wenn wir ihn besiegen können, wird das Wellen schlagen!"

Rexus spürte den Druck wachsen; jeder Kampf könnte ihr Schicksal verändern. „Wir dürfen nicht vergessen: Es geht nicht nur um Ruhm oder Ehre. Es geht darum, eine Stimme für all jene zu sein, die unterdrückt werden." Seine Worte hallten durch den Raum und schufen eine Atmosphäre des Zusammenhalts.

So begannen sie nicht nur zu kämpfen; sie wurden Teil eines politischen Spiels voller Strategien und Manipulationen – ein Spiel um Freiheit und Gerechtigkeit in einer Welt voller Ungerechtigkeiten.

16
Das Erbe eines Gladiators

16.1 Vermächtnis schaffen

In der Arena, wo das Geschick eines Gladiators oft über Leben und Tod entscheidet, beginnt Rexus zu begreifen, dass sein Kampf nicht nur für seine eigene Freiheit ist. Er möchte ein **Vermächtnis** hinterlassen, das über die blutigen Sandflächen hinausgeht. „Was bleibt von uns, wenn wir fallen?", fragt er Marcus während einer ruhigen Nacht im Lager. Der alte Gladiator schaut in den Sternenhimmel und antwortet: „Die Geschichten, die wir erzählen, und die Herzen, die wir berühren."

Rexus spürt den Druck auf seinen Schultern. Er hat nicht nur seine eigenen Träume zu verwirklichen; er trägt auch die Hoffnungen seiner Mitstreiter und derer, die in der Dunkelheit leben. Livia tritt an seine Seite und sagt: „Du bist mehr als ein Kämpfer. Du bist ein Symbol für all jene, die unterdrückt werden." Ihre Worte hallen in ihm wider und geben ihm neue Kraft.

„Ich will nicht nur siegen", erklärt Rexus mit fester Stimme. „Ich will eine Bewegung ins Leben rufen! Wir müssen den Menschen zeigen, dass es Hoffnung gibt!" Marcus nickt zustimmend: „Das ist der wahre Kampf – nicht nur gegen unsere Feinde in der Arena, sondern gegen das System selbst."

· **Loyalität:** Rexus erkennt, dass er auf seine Freunde zählen kann.
· **Kampfgeist:** Jeder Sieg wird zum Symbol des Widerstands.
· **Hoffnung:** Die Vision einer besseren Zukunft motiviert ihn weiter.

Gemeinsam schmieden sie Pläne für einen Aufstand unter den Gladiatoren. Rexus weiß, dass dies gefährlich ist; doch ohne Risiko gibt es kein Vermächtnis. „Wir müssen zusammenhalten", betont Livia entschlossen. „Nur so können wir etwas verändern."

In dieser entscheidenden Phase seines Lebens wird Rexus klar: Sein Vermächtnis wird nicht durch Ruhm oder Reichtum definiert werden, sondern durch den Mut und die Entschlossenheit seiner Taten – ein Erbe des Kampfes für Freiheit und Gerechtigkeit.

16.2 Lehren weitergeben

Die Nacht war still, und der Mond warf sein sanftes Licht auf die Gesichter der Gladiatoren, die um das Feuer versammelt waren. Rexus wusste, dass es an der Zeit war, seine Erfahrungen und Erkenntnisse zu teilen. „Wir sind nicht nur Kämpfer", begann er mit fester Stimme. „Wir sind Lehrer für die nächste Generation."

Marcus nickte zustimmend. „Jeder von uns hat eine Geschichte zu erzählen. Wir müssen sicherstellen, dass unsere Lektionen nicht in Vergessenheit geraten." Livia sah ihn an und fragte: „Wie können wir das tun? Die Arena ist ein Ort des Kampfes, nicht des Lernens."

„Gerade deshalb müssen wir einen Raum schaffen", antwortete Rexus entschlossen. „Einen Ort, wo wir unsere Weisheiten weitergeben können – an die Jüngeren, die nach uns kommen." Er blickte in die Runde und sah den Funken des Interesses in den Augen seiner Mitstreiter.

- **Erfahrungen teilen:** Jeder Gladiator sollte seine eigenen Geschichten erzählen.
- **Kampfstrategien lehren:** Techniken und Taktiken sollten weitergegeben werden.
- **Moralische Werte vermitteln:** Der wahre Wert eines Kämpfers liegt nicht nur im Sieg.

Livia erhob sich und sprach: „Lasst uns eine Versammlung abhalten! Einmal pro Woche könnten wir zusammenkommen und unser Wissen austauschen." Ihre Begeisterung steckte alle an. Marcus fügte hinzu: „Wir könnten auch jüngere Gladiatoren als Mentoren auswählen – sie brauchen Führung."

Rexus fühlte sich bestärkt durch ihre Ideen. „Es ist wichtig, dass wir ihnen zeigen, dass es mehr gibt als nur den Kampf ums Überleben", sagte er nachdenklich. „Wir müssen ihnen Hoffnung geben und sie lehren, für ihre Träume zu kämpfen."

In dieser Nacht wurde der Grundstein für eine neue Tradition gelegt – eine Tradition des Teilens und Lehrens unter Gladiatoren. Rexus wusste, dass dies ein entscheidender Schritt war; denn das Vermächtnis eines Gladiators wird nicht nur durch Siege definiert, sondern auch durch die Lehren, die er hinterlässt.

16.3 Unsterblichkeit sichern

„Indem wir sie aufzeichnen", antwortete Marcus. „Wir sollten ein Buch führen – eine Chronik unserer Kämpfe, unserer Siege und auch unserer Niederlagen." Rexus nickte zustimmend. „Jede Geschichte hat ihren Wert. Wir müssen sie festhalten, damit zukünftige Generationen von uns lernen können."

- **Erinnerungen bewahren:** Jeder Gladiator sollte seine Erlebnisse niederschreiben.
- **Mentorenrollen übernehmen:** Jüngere Gladiatoren anleiten und inspirieren.
- **Kulturelle Traditionen pflegen:** Feste und Rituale zur Ehrung der Gefallenen veranstalten.

Livia erhob sich erneut und sprach mit Leidenschaft: „Wir könnten auch Geschichten erzählen – nicht nur über Kämpfe, sondern über Freundschaft und Loyalität. Diese Werte sind es, die uns unsterblich machen." Ihre Augen funkelten vor Begeisterung.

„Das ist wahr", stimmte Rexus zu. „Es sind nicht nur unsere körperlichen Fähigkeiten, die uns auszeichnen; es sind unsere Prinzipien und das Vermächtnis der Gemeinschaft." Marcus fügte hinzu: „Lasst uns einen Ort schaffen, wo diese Geschichten erzählt werden können – vielleicht ein Lagerfeuer am Abend oder eine Versammlung im Training."

Die Idee fand großen Anklang unter den Gladiatoren. Sie begannen zu diskutieren, wie sie ihre Erinnerungen festhalten könnten – ob durch Zeichnungen oder mündliche Überlieferungen. Rexus fühlte sich inspiriert von der Energie seiner Mitstreiter. „Wenn wir zusammenarbeiten, können wir sicherstellen, dass unser Erbe niemals verblasst", sagte er entschlossen.

An diesem Abend wurde der Grundstein für eine neue Tradition gelegt – eine Tradition des Geschichtenerzählens und des Teilens von Erfahrungen unter Gladiatoren. Rexus wusste tief in seinem Herzen, dass dies der Schlüssel zur Unsterblichkeit war.

17
Abschied von alten Gewohnheiten

17.1 Loslassen lernen

In der schummrigen Atmosphäre der Gladiatorenschule saß Rexus auf einer alten Holzbank, seine Gedanken wirbelten wie die Staubkörner in der Luft. „Es ist nicht einfach, loszulassen", murmelte er und starrte auf den Boden. Marcus, sein Mentor, setzte sich neben ihn und legte eine Hand auf Rexus' Schulter.

„Manchmal müssen wir die Vergangenheit hinter uns lassen, um voranzukommen", sagte Marcus mit ruhiger Stimme. „Was hält dich zurück?"

Rexus seufzte tief. „Die Erinnerungen an meine Familie... Ich habe sie so lange vermisst. Wie kann ich sie vergessen?"

„Vergessen ist nicht das Ziel", erwiderte Livia, die sich zu ihnen gesellte. Ihre Augen funkelten entschlossen. „Es geht darum, Frieden mit dem zu schließen, was war."

- **Akzeptanz:** Rexus musste akzeptieren, dass seine Familie möglicherweise verloren war.
- **Erinnerung:** Die Erinnerungen sollten ihn nicht lähmen, sondern ihm Kraft geben.
- **Zukunftsorientierung:** Er sollte seinen Blick nach vorne richten und neue Ziele setzen.

„Aber wie?", fragte Rexus verzweifelt. „Wie kann ich das tun?"

Marcus lächelte sanft. „Indem du deine Kämpfe in der Arena als Teil deiner Reise betrachtest. Jeder Sieg bringt dich näher zu deinem Ziel – Freiheit."

Livia nickte zustimmend. „Und vielleicht findest du eines Tages auch deine Familie wieder oder schaffst dir eine neue Familie hier unter uns."

"Ich werde es versuchen", sagte er schließlich mit fester Stimme. "Ich werde lernen loszulassen."

Rexus sah zwischen den beiden hin und her und spürte einen Funken Hoffnung in seinem Herzen aufblitzen. Vielleicht war es an der Zeit, die alten Gewohnheiten abzulegen und sich dem Unbekannten zu öffnen.

17.2 Transformation erleben

Die Tage in der Gladiatorenschule vergingen, und Rexus spürte, wie sich etwas in ihm veränderte. Er hatte begonnen, die Worte von Marcus und Livia zu verinnerlichen. „Es ist Zeit für eine neue Perspektive", murmelte er eines Morgens, während er im Trainingsraum stand und seine Muskeln dehnte.

„Was meinst du damit?", fragte Livia neugierig, als sie neben ihm auftauchte. Ihre Augen leuchteten vor Interesse.

„Ich denke darüber nach, was es bedeutet, wirklich loszulassen", antwortete Rexus und sah ihr direkt in die Augen. „Ich möchte nicht nur kämpfen; ich möchte auch wachsen."

Livia nickte zustimmend. „Das ist der erste Schritt zur Transformation. Du musst bereit sein, dich selbst herauszufordern."

· **Selbstreflexion:** Rexus begann, über seine Ängste und Hoffnungen nachzudenken.
· **Akzeptanz neuer Herausforderungen:** Er meldete sich freiwillig für schwierigere Kämpfe.
· **Unterstützung suchen:** Er bat Marcus um zusätzliche Trainingseinheiten.

Eines Abends saßen sie zusammen am Feuer. „Du hast dich verändert", bemerkte Marcus mit einem stolzen Lächeln. „Dein Kampfgeist ist stärker geworden."

„Es fühlt sich an, als würde ich endlich meine Vergangenheit hinter mir lassen", gestand Rexus und schaute in die Flammen. „Ich habe gelernt, dass ich nicht allein bin."

Livia fügte hinzu: „Gemeinschaft kann ein großer Teil deiner Transformation sein. Wir sind hier für dich."

Rexus fühlte sich von ihren Worten getragen. Die Unterstützung seiner Freunde gab ihm den Mut, neue Wege zu gehen und alte Gewohnheiten abzulegen.

"Ich werde nicht nur kämpfen", sagte er entschlossen. "Ich werde auch lernen und wachsen."

In den folgenden Wochen stellte Rexus fest, dass jeder Kampf nicht nur eine physische Herausforderung war, sondern auch eine Gelegenheit zur Selbstentdeckung. Mit jedem Sieg wuchs sein Selbstvertrauen; mit jeder Niederlage lernte er mehr über sich selbst.

17.3 Persönliches Wachstum

Die Tage in der Gladiatorenschule waren nicht nur von körperlichem Training geprägt, sondern auch von einer tiefen inneren Reise für Rexus. Er spürte, wie sich sein Verständnis von Stärke und Mut veränderte. „Es ist nicht nur der Kampf, der zählt", sagte er eines Morgens zu Livia, während sie gemeinsam im Trainingsraum trainierten. „Es geht auch darum, wer ich als Mensch werde."

Livia lächelte und erwiderte: „Genau! Jeder Schritt auf diesem Weg ist eine Chance zur Selbstverbesserung. Was hast du in letzter Zeit über dich selbst gelernt?"

Rexus dachte nach und antwortete: „Ich habe erkannt, dass ich oft aus Angst handle. Ich kämpfe nicht nur gegen Gegner, sondern auch gegen meine eigenen Zweifel."

- **Selbstbewusstsein:** Rexus begann, seine Emotionen zu akzeptieren und sie als Teil seines Wachstumsprozesses zu sehen.
- **Verantwortung übernehmen:** Er stellte fest, dass er die Kontrolle über seine Entscheidungen hatte und diese aktiv gestalten konnte.
- **Ziele setzen:** Gemeinsam mit Marcus entwickelte er einen Plan für seine persönliche Entwicklung.

Eines Abends saßen sie am Lagerfeuer und reflektierten über ihre Fortschritte. Marcus bemerkte: „Du bist gewachsen, Rexus. Du bist nicht mehr der Junge, der nur kämpfen wollte."

„Das stimmt", antwortete Rexus nachdenklich. „Ich möchte ein Vorbild sein – nicht nur im Kampf, sondern auch im Leben."

Livia fügte hinzu: „Dein persönliches Wachstum inspiriert uns alle. Es zeigt uns, dass Veränderung möglich ist."

Mit jedem Tag wurde Rexus klarer, dass wahre Stärke nicht nur im Sieg lag, sondern auch in der Fähigkeit zu lernen und sich weiterzuentwickeln. Er war entschlossen, diesen neuen Weg weiterzugehen und die Herausforderungen des Lebens mit einem offenen Herzen anzugehen.

18
Neubeginn

18.1 Zukunftsträume

In der Dämmerung des neuen Tages saß Rexus auf dem schmalen Balkon seiner bescheidenen Unterkunft und blickte über die Dächer Roms. Die Stadt, die ihn einst gefangen hielt, erschien ihm nun wie ein Ort voller Möglichkeiten. „Was wäre, wenn ich eines Tages nicht mehr kämpfen müsste?", murmelte er leise zu sich selbst.

„Du träumst wieder, mein Freund", ertönte die Stimme von Marcus hinter ihm. Der erfahrene Gladiator trat näher und setzte sich neben Rexus. „Was hast du diesmal im Sinn?"

Rexus lächelte schwach. „Ich stelle mir vor, wie es wäre, ein freier Mann zu sein. Vielleicht ein Land zu besitzen, wo ich meine Familie gründen kann."

- Ein kleines Haus am Stadtrand.
- Ein Garten voller Blumen und Gemüse.
- Kinderlachen, das durch die Luft schwebt.

„Das klingt nach einem schönen Leben", sagte Marcus nachdenklich. „Aber vergiss nicht: Freiheit ist nicht nur ein Ort, sondern auch ein Zustand des Geistes."

Livia trat in den Raum und hörte das Gespräch mit an. Ihre Augen funkelten vor Entschlossenheit. „Wir sollten unsere Träume nicht nur träumen, sondern sie verwirklichen! Was hindert uns daran?"

„Die Realität ist oft grausam", erwiderte Marcus vorsichtig. „Wir müssen klug sein und unsere Schritte gut planen."

„Aber wir dürfen niemals aufgeben!", rief Livia aus und legte eine Hand auf Rexuss Arm. „Gemeinsam können wir alles erreichen!"

Rexus spürte den Funken der Hoffnung in ihrem Blick und nickte zustimmend. „Ja, gemeinsam sind wir stark." Er dachte an all die Kämpfe, die noch vor ihnen lagen – sowohl in der Arena als auch im Leben außerhalb ihrer Mauern.

„Lasst uns einen Plan schmieden", schlug Rexus vor und seine Stimme wurde fester. „Wir werden für unsere Träume kämpfen – nicht nur für unser Überleben."

18.2 Letzte Entscheidungen

Die Dämmerung senkte sich über Rom, als Rexus und seine Freunde sich in der kleinen Kammer versammelten, um die letzten Entscheidungen zu treffen, die ihr Schicksal bestimmen würden. „Wir stehen an einem Wendepunkt", begann Rexus und sah in die Gesichter von Marcus und Livia. „Was wir jetzt entscheiden, wird unser Leben für immer verändern."

„Ich habe darüber nachgedacht", sagte Marcus nach einer kurzen Stille. „Wenn wir fliehen wollen, müssen wir einen Plan haben. Es gibt viele Gefahren da draußen."

Livia nickte zustimmend. „Aber wenn wir bleiben, riskieren wir alles – unsere Freiheit, unsere Träume. Wir können nicht einfach abwarten!"

· Flucht aus der Stadt.
· Ein geheimes Versteck finden.
· Verbündete gewinnen.

„Und was ist mit den anderen Gladiatoren?", fragte Rexus besorgt. „Wir können sie nicht im Stich lassen."

„Das ist wahr", erwiderte Marcus ernsthaft. „Wir müssen sie überzeugen, dass es Zeit für einen Neuanfang ist. Aber das wird nicht einfach sein."

Livia stand auf und ging zum Fenster, wo das Licht der untergehenden Sonne auf ihre Entschlossenheit fiel. „Wir müssen ihnen zeigen, dass es Hoffnung gibt! Wenn wir zusammenarbeiten, können wir eine Revolution starten!"

Rexus fühlte den Druck ihrer Worte und wusste, dass sie recht hatte. „Lasst uns eine Versammlung einberufen", schlug er vor. „Wir werden alle Gladiatoren zusammenbringen und ihnen unseren Plan vorstellen."

„Aber was ist mit dem Risiko?", warf Marcus ein. „Wenn das Imperium Wind davon bekommt…"

„Dann kämpfen wir!", rief Livia leidenschaftlich aus und ihre Augen funkelten vor Entschlossenheit. „Es ist an der Zeit zu handeln! Wir dürfen nicht länger in Angst leben!"

Rexus spürte den Funken des Mutes in seinem Herzen auflodern. Gemeinsam würden sie die letzte Entscheidung treffen – für ihre Freiheit und ihre Zukunft.

18.3 Ein neues Kapitel beginnen

Die Versammlung der Gladiatoren fand in der Dämmerung statt, als die Schatten der Vergangenheit langsam verblassten und ein neuer Tag anbrach. Rexus stand vor seinen Gefährten, sein Herz schlug schnell vor Aufregung und Nervosität. „Wir haben die Möglichkeit, unser Schicksal selbst zu bestimmen", begann er mit fester Stimme.

„Aber wie können wir sicherstellen, dass alle bereit sind?", fragte Marcus skeptisch und warf einen Blick auf die versammelten Gesichter. „Nicht jeder wird den Mut haben, sich gegen das Imperium zu erheben."

Livia trat vor und sprach mit Überzeugung: „Wir müssen ihnen zeigen, dass es Hoffnung gibt! Jeder von uns hat für seine Freiheit gekämpft – jetzt ist es an der Zeit, gemeinsam zu kämpfen!"

- Ein starkes Bündnis bilden.
- Die Schwächen des Imperiums ausnutzen.
- Die Bevölkerung mobilisieren.

Rexus nickte zustimmend. „Wir müssen unsere Stärken bündeln und eine Strategie entwickeln. Wenn wir zusammenarbeiten, können wir das Imperium stürzen." Er spürte den Funken des Mutes in seinen Gefährten auflodern.

„Was ist mit den anderen Gladiatoren?", fragte ein junger Kämpfer aus der Menge. „Wie überzeugen wir sie?"

Livia lächelte ermutigend. „Indem wir ihnen zeigen, dass sie nicht allein sind! Wir müssen Geschichten erzählen – von unseren Kämpfen und Träumen." Sie wandte sich an Rexus: „Du hast immer gesagt, dass Worte mächtig sind."

„Ja", antwortete Rexus nachdenklich. „Wenn wir unsere Erfahrungen teilen, werden sie verstehen, dass Veränderung möglich ist." Er sah in die Runde und bemerkte das wachsende Interesse in den Augen seiner Freunde.

Mit einem neuen Gefühl der Entschlossenheit begannen sie zu planen. Es war nicht nur ein Kampf um Freiheit; es war der Beginn eines neuen Kapitels in ihrem Leben – eines Kapitels voller Hoffnung und Möglichkeiten.

In der packenden Erzählung "Das Leben des Gladiators Rexus" wird der Leser in die faszinierende und brutale Welt des antiken Rom entführt, wo Ruhm und Ehre im Kampf um das Überleben auf dem Spiel stehen. Die Geschichte folgt Rexus, einem ehemaligen Sklaven, dessen außergewöhnliche Kampfkünste ihn zum Gladiator erheben. Angetrieben von dem unstillbaren Wunsch nach Freiheit und der Hoffnung, seine verloren geglaubte Familie wiederzufinden, begibt sich Rexus auf einen gefährlichen Weg.

Die Handlung entfaltet sich in der pulsierenden Metropole Rom, wo die prunkvollen Paläste der Reichen mit den schmutzigen Gassen der Armen kontrastieren. Die Arena – ein Ort des Spektakels und des Todes – wird zum zentralen Schauplatz für Rexus' Kämpfe gegen andere Gladiatoren und wilde Tiere. Hier sind die Regeln brutal, und das Überleben hängt oft von der Gunst des Publikums ab.

Rexus wird von einer Gruppe treuer Mitstreiter begleitet: Marcus, ein weiser und erfahrener Gladiator, der ihm als Mentor zur Seite steht, sowie Livia, eine mutige Sklavin, die sein Herz erobert. Gemeinsam müssen sie sich gegen den machthungrigen Lanista behaupten, der alles daran setzt, Rexus zu brechen und seine Träume zu zerstören.

Der zentrale Konflikt dreht sich um Rexus' verzweifelten Kampf um Freiheit und Identität in einer Welt, die ihn lediglich als Werkzeug sieht. Während er sich seinen inneren Dämonen stellt und äußeren Feinden gegenübertritt, wird er mit grundlegenden Fragen konfrontiert: Was bedeutet es wirklich, ein Held zu sein?

Die Geschichte ist durchzogen von Themen wie Loyalität, Verrat und dem Streben nach Selbstbestimmung. Inmitten actiongeladener Kämpfe gibt es auch emotionale Momente voller Hoffnung und Verzweiflung. Der Schreibstil ist lebendig und fesselnd; die kulturellen sowie historischen Elemente des antiken Roms werden authentisch dargestellt.

Im Höhepunkt der Geschichte muss Rexus nicht nur gegen seine Gegner in der Arena kämpfen sondern auch gegen seine eigenen Ängste und Zweifel an seiner Identität. Der Ausgang bleibt bis zur letzten Seite spannend – wird es ihm gelingen, seine Freiheit zu erlangen oder wird er im Schatten seiner Vergangenheit gefangen bleiben?

"Das Leben des Gladiators Rexus" ist eine fesselnde Erzählung über Mut, Hoffnung und den unaufhörlichen Kampf um die eigene Freiheit in einer grausamen Welt. Es richtet sich an Leserinnen und Leser von historischer Fiktion sowie Abenteuerromanen – eine packende Reise durch das antike Rom erwartet sie!

Verlag: BoD · Books on Demand GmbH, In de Tarpen 42,
22848 Norderstedt, bod@bod.de
Druck: Libri Plureos GmbH, Friedensallee 273,
22763 Hamburg
ISBN: 978-3-7693-2469-3